シンポジウム「『内なる国際化』を考えるⅡ」
「外国につながる子どもたちの教育について」
2016年10月22日㈯　明治学院大学白金キャンパス

会場全景

第1報告（徳永智子先生）

第2報告（上田崇仁先生）

第3報告（田中宝紀先生）

報告者リプライ
(德永智子先生)

報告者リプライ
(上田崇仁先生)

報告者リプライ
(田中宝紀先生)

開会の挨拶
(永野茂洋)

趣旨説明
(高桑光徳)

全体討論司会
(浅川達人)

閉会の挨拶
(野沢慎司)

明治学院大学
教養教育センター ブックレット ②

外国につながる子どもたちと教育

「内なる国際化」に対応した人材の育成

明治学院大学教養教育センター・社会学部 編

かんよう出版

はじめに

　「『内なる国際化』に対応した人材の育成」プロジェクトは、明治学院大学の「教学改革支援制度」助成を受け、社会学部と教養教育センターの共同プロジェクトとして、2015年度からスタートしました。

　助成は「本学のグローバル化を牽引するプロジェクト」を対象としたものでしたが、そのとき私たちが考えたのは、国外での商取引や学術文化交流など、国際社会に出て外国語を駆使して活躍する人材を育成する、いわゆる従来型の「国際化」の方向とは別に、すでに国内に多く居住する外国につながる人たちと一緒に、問題を解決しながら豊かで活気に満ちた地域社会を創っていく人材の育成も、高等教育機関としての現在の大学の大きな責務ではないかということでした。私たちはこれを伝統的な「外なる国際化」に対して「内なる国際化」と呼ぶことにしました。

　1990年代から加速した自由貿易圏の拡大とグローバリゼーションは、国内においても従来の私たちの価値観では対処できない変化を地域社会にもたらしています。たとえば、ある地域の小学校には、外国にルーツを持つ子どもたちや、複文化環境で生きている子どもたち（必ずしも外国人とは限りません）がすでに大勢通っています。子どもたちも教員も、地域の住人も、それをサポートするNPO、NGOの人たちも、すでに「内なる国際化」に日々取り組んでいます。

　私たちの「内なる国際化プロジェクト」は、その現場からの声に学びながら、民族、宗教、文化、言葉、慣習の違いと、そこから生じるさまざまな軋轢を超えて、それぞれの違いを地域社会のプラスに転換できるような共生の仕組み、社会統合の仕組みを一緒に創っていく力を学生の中に育てていきたいと願っています。

　プロジェクト2年目となった2016年度は、2015年度に引き続き、問題提起と学びを深めるためのシンポジウムの開催、移民・難民問題を扱った授業や、「やさしい日本語」についての授業など、広く「内なる国際化」に関する授業科目の開設を行い、「多文化共生サポーター」、「多文化共生ファシリテーター」のサティフィケイト制度を整えました。社会福祉法人「さぽうと21」に大学

が協力する形で、学生のいない夏休みに大学の教室を使って、「外国にルーツを持つ小中学生のための学習支援教室」をスタートするなど、この問題に大学が関与する道を開くことができたことは2年目の大きな成果でした。

本書の第1部は、このような「内なる国際化プロジェクト」の2年目の諸活動をまとめた報告です。本プロジェクトの現時点における全体像と方向性について知ることができます。

第2部は、2年目の啓蒙的イベントとしておこなわれた講演会、映画上映会＆トークイベントの中から、私たちにたいへん強い印象と感銘を残したドキュメンタリー作品『Hafu 〜ハーフ』の出演者、矢野デイビットさんのトークセッションの記録を収録しました。

第3部は、2016年10月22日（土）におこなわれた「内なる国際化第2回シンポジウム」の3編の発題報告を収録しました。第1回シンポジウムは、外国につながる方が私たちの身近にどのくらいおり、また医療現場などでどのような不自由や問題、言葉の壁に直面しているかを取り上げました。その記録は、『明治学院大学教養教育センターブックレット1　もう一つのグローバリゼーション』に収録されています。今回の「第2回シンポジウム」は、外国につながる子どもたちの日本語教育をテーマとして、教育現場が抱えているさまざまな問題が取り上げられています。

「内なる国際化プロジェクト」がスタートして2年目を終わるいま、私たちはここから見えてくる問題の広がりの裾野がたいへん広いことに驚いています。日本語教育や文化軋轢の問題の背後には、現代の家族形態や世代間コミュニケーションの問題が大きく広がっていることも少し見えてきました。「内なる国際化」に取り組むには、学際的で総合的なアプローチが必要です。と同時に、地方自治体や、企業、財団、NPO・NGOなど、先行して現場で活動している各種団体とどのような協力関係を築きながら研究教育をしていくかが、今後ますます重要になって行くことと思います。

本書が「内なる国際化」の問題に対する関心を少しでも喚起する一助となれば幸いです。

永野茂洋

目　次

はじめに ………………………………………………………… 永野茂洋　*3*

第１部　プロジェクト報告 ……………………………………………… *7*

第１章　2016 年度の活動報告 ……………………………………… 浅川達人　*9*

第２章　「外国につながる子どもたち」との関わりを考える … 高桑光徳　*21*

第３章　難民の子どもたちのための夏休み学習支援教室
　　　　―大学キャンパス内で学生が支援に関わる試み―……… 野沢慎司　*31*

第２部　映画上映会＆トークセッション報告 ……………………… *51*

第４章　日本とガーナの狭間で思うこと ……………… 矢野デイビット　*53*

第３部　シンポジウム報告 ……………………………………………… *73*

第５章　グローバル社会を生きる移民の子どものエンパワメント
　　　　―アメリカの NPO の取り組みから― …………… 徳永智子　*75*

第６章　「手を洗ったら、女の子からタオルを取りに行ってね」が
　　　　示した問題 …………………………………………… 上田崇仁　*83*

第７章　外国につながる子どもたちを支える
　　　　―多様性が豊かさとなる未来を目指して― ……… 田中宝紀　*97*

あとがき ………………………………………………………… 浅川達人　*101*

第 1 部

プロジェクト報告

第1章 2016年度の活動報告

浅川達人（社会学部）

2016年度には、「研究活動」「啓発・教育活動」「教育プログラム整備」「支援実践活動」「広報活動」「自己評価」の6分野にわたる活動を行った。以下、それぞれについて活動報告を行う。

1 研究活動

本年度は2回の研究会を開催した。2016年6月30日には「日米の『ダブル』のアイデンティティを生きる」というテーマで、第4回研究会を開催した。講師にはStanford UniversityのM. 重松スティーヴン氏をお招きした。

2016年12月7日には「定時制高校への支援のあり方について」というテーマで、第5回研究会を開催した。講師には多文化共生教育ネットワークかながわの高橋清樹氏をお招きした。

2 啓発・教育活動

2.1 シンポジウムなど

本年度も他大学・他機関より研究者と実践家を招いてシンポジウムを開催した。シンポジウムのタイトルは「外国につながる子どもたちの教育について」であり、2016年10月22日に開催した。本プロジェクト特設WEBサイトに掲載されたシンポジウムに関する記事を以下に引用する[1]。

シンポジウム「『内なる国際化』を考えるII」が、2016年10月22日㈯に白金キャンパスにて開催されました。今回のシンポジウムのテーマは「外国につながる子どもたちの教育について」であり、外国につながる子どもたちの教育に携わる3名の講師の方々にご講演いただき、フロアを交えて全体討論を行いました。

第1部　プロジェクト報告

　第1報告は、慶應義塾大学特任講師の德永智子先生であり、「グローバル社会を生きる移民の子どものエンパワメント：アメリカのNPOの取り組みから」というタイトルでご講演いただきました。私たちは、子どもたちが抱えているさまざまな問題状況に目を向けがちです。しかしながら、むしろ子どもたちが持っている力や強さに着目しそれを引き出す社会を目指すべきではないか、という重要なご指摘をいただきました。

　第2報告は、愛知教育大学准教授の上田崇仁先生であり、「『手を洗ったら、女の子からタオルを取りに行ってね』が示した問題」というタイトルでお話しいただきました。指示を出した先生は、順番を示す「から」として「女の子から」という指示を出しました。ところが「女の子から」という指示は、起点を示す「から」と解釈することも可能であるため、トラブルが生じたのです。教育に携わる者は、自らが用いている言葉を常に吟味することが必要である。大切な教えをいただきました。

　第3報告は、NPO法人青少年自立援助センター定住外国人子弟支援事業部統括コーディネーターの田中宝紀さんであり、「外国につながる子どもたちを支える——多様性が豊かさとなる未来を目指して——」というタイトルでご報告いただきました。YSCグローバル・スクールの取り組みをご紹介いただくとともに、SNSを通じて情報発信することの大切さについてご指摘いただきました。

　報告から質疑応答まで4時間にわたる長いシンポジウムでしたが、学内外から多くのみなさまにご参加いただき、最後まで熱心に耳を傾けていただきました。

（文責：浅川達人・社会学部教員）

　また、2016年11月13日には、社会福祉法人 さぽうと21主催、明治学院大学「内なる国際化」プロジェクト共催の「理解を深める講座」『異国日本を生きる私、そして私と家族』が明治学院大学高輪校舎で開催された。本プロジェクト特設WEBサイトに掲載された記事を以下に引用する[2]。

　社会福祉法人 さぽうと21主催、明治学院大学「内なる国際化」プロジェクト共催の「理解を深める講座」『異国日本を生きる私、そして私と家族』が2016年11月13日に明治学院大学高輪校舎で開催されました。

　定住外国人・若者世代であるグエンさん、景山さん、安富祖さんと、親

世代の王さんが登壇し、それぞれの家族経歴やアイデンティティの変遷、子育て経験について実に客観的で深い自己分析が披露され、皆が強く印象づけられました。その後の臨床心理士・田中ネリさんによる講演「定住外国人『だから』抱える『家族』の問題とは？」では、その分析の鋭さだけでなく、独特のスタイルをもつ語りに聴衆一同が魅了されました。

　私も加わったディスカッションでは、会場の皆さんから多様な質問やコメントが出されました。外国ルーツの親世代と子世代の関係にみられるデリケートな部分について、視点が拡がり、理解が深まったように思います。参加者がまさに「満腹」感を得て帰途につかれたのではないかと願っています。ご参加いただいた多くの皆様、ありがとうございました。

（文責：野沢慎司／社会学部教授）

2.2　映画上映会・トークセッション

　映画上映会・トークセッションについては、6月に3回の上映会、そして10月に1回の上映会を開催した。本プロジェクト特設 WEB サイトに掲載された記事を以下に引用する[3]。

⑴　『孤独なツバメたち〜デカセギの子どもに生まれて〜』上映会＆本作品監督 津村公博氏講演会（6/3㈮15：05 〜 18：15）

　多文化教育・第二言語習得論の研究を専門とする浜松学院大学の津村公博先生をお招きして、津村先生が監督したドキュメンタリー映画『孤独なツバメたち〜デカセギの子どもに生まれて〜』の上映会を行い、引き続き講演会を開催いたしました。

　映画上映会には非常に多くの学生のみなさんが参加されました。デカセギで来日している日系ブラジル人とその子どもたちの過酷な生活環境について、映画を通して初めて知る学生も多く、中には深い受け止め方をした学生のみなさんもいらっしゃったようでした。

　津村先生の講演会では、外国にルーツのある子どもたちに対する学習支援室を開催する中で児童労働の実態について知ったこと、子どもたちの生活実態を知るために土曜の夜に子どもたちが集まる場に出かけ話を聞いたこと、そうしている間に撮影した映像が蓄積されドキュメンタリー映画として結実していったことなど、映画製作の過程について解説いただきました。

第1部　プロジェクト報告

⑵　『Roots of many colors』上映会＆本作品監督　宮ヶ迫ナンシー理沙氏
　　とのトークセッション（6/13㈪15：05～18：150

　10歳の時にブラジルから来日し、日本での生活を開始した宮ヶ迫さん。同じように親の都合で来日し日本で育った若者の声をまとめたドキュメンタリー映画『Roots of many colors』の上映会を行い、引き続きトークセッションを行いました。上映会には200名以上の学生が参加してくれました。

　宮ヶ迫さんとのトークセッションでは、参加した学生のみなさんと年齢が近いこともあり、素朴な疑問にも気さくに答えていただきました。他大学から参加してくださった学生さんからは、外国にルーツがあるかどうかだけではなく、社会階層についても考えるべきだという貴重な意見も出されました。

⑶　『A Escolha（ア・エスコーリャ）～デカセギ第2世代の母2人の選
　　択～』上映会（6/17㈮10：55～12：25）

　3回目の映画上映会は、第1回に上映した作品の続編を取り上げさせていただきました。今回も100名を超える学生さんが参加し、熱心に視聴してくださいました。

　デカセギ第1世代の子どもたちである第2世代も、近年では親になる年齢になりつつあります。生まれた子どもを、日本で育てるのか、ブラジルで育てるのか。悩んだ末に別々の道を選択した2組の親子の生活を、日本とブラジルで撮影した作品が本作品です。それぞれの選択が抱えるそれぞれの課題について、深く考えさせられました。

　　　　　　　　　　　（『内なる国際化』プロジェクト白金事務局：浅川達人）

　ドキュメンタリー映画『Hafu ～ハーフ』の上映会が、2016年10月24日㈪に白金キャンパスで開催されました。この映画には、いわゆる「ハーフ」の若者や子どもが複数登場します。そして、それぞれのルーツ、生い立ち、家庭・学校などでの経験、アイデンティティの受容・変容、言語の修得などにおける多様な状況が描かれています。日本が複数ルーツの人々が数多く住む社会になっていることに改めて気づかされました。そして、複数ルーツを持つ視点に立ってみると、日本社会の姿が異なって見えてきます。

上映会後に、出演者のひとりで、ガーナと日本にルーツをもつ矢野デイビットさんが登壇しました。たくさんの写真を使いながら、自らの人生の軌跡と将来の夢を熱く語ってくださいました。ミュージシャンとしても活躍する矢野さんの躍動的なリズムにのせた語りは、波瀾万丈の長編叙事詩のように私たちの心に響きました。ガーナに学校を建設する活動、地球大運動会を開催する計画など、国境を越えて活躍する矢野さんの行動力には圧倒されます。

　お話の後、矢野さんの前には個人的に質問したい参加学生たちの列ができました。最後のひとりまで丁寧に対応くださる矢野さんの誠実なお人柄にも印象づけられました。

　学内外から参加いただいた多くの皆様、そして矢野デイビットさん、ありがとうございました。　　　　　　（文責：野沢慎司／社会学部教員）[4]

2.3　その他のイベント

2017 年 2 月 11 日に、港区が主催し、明学の「内なる国際化」プロジェクトが共催した、港区国際文化交流のつどい「ミックスルーツってなに？〜国籍を超える新しい文化」が開催されました。本プロジェクト特設 WEB サイトに掲載された記事を以下に引用する。

　港区が主催し、明学の「内なる国際化」プロジェクトが共催した、港区国際文化交流のつどい「ミックスルーツってなに？〜国籍を超える新しい文化」が、2017 年 2 月 11 日㈯に田町にあるリーブラホールで開催されました（打ち合わせの様子は http://internal-i18n-meijigakuin.org/archives/1505）。

　第 1 部では映画『HAFU 〜ハーフ〜』の上映、続く第 2 部では映画出演者で日本とガーナにルーツを持つ矢野デイビットさんが登壇して、自らの人生の変遷と将来の夢を語ってくださいました。お話の後、もうひとりのゲスト、米国とドミニカ共和国にルーツを持つブランドン・スミスさんが加わり、私（野沢）が若い世代のお二人の経験やお考えをうかがう聞き手となって、鼎談型トークセッションを英語で行いました。

　お二人は、それぞれ日本社会と米国社会で育ち、その過程で違和感や葛藤を経験したという点で共通しているというお話がありました。一方で、

第1部　プロジェクト報告

現代では国籍にもとづくアイデンティティだけではなく、多様なアイデンティティの側面で人がつながりあう時代が来ているのではないかとのご指摘がありました。そして現在では、お二人とも国境を越える移動が自らのアイデンティティを豊かにしたと肯定的に捉えているように思いました。そのような経験をしたもの同士だからこそ、深くわかり合えることがあるとの発言もありました。現在の日本（東京）では、日本人と外国人の交流というような二分法ではない多文化にまたがるコミュニケーションの諸相が展開していることを実感する時間となりました。

　ホールには100人を超える、世代も文化的背景も多様な方々がお集まりくださいました。会場からも鋭い質問をいただくなど、刺激的なやりとりがありました。皆様、ありがとうございました。終了後も多くの方々と直接貴重なお話ができたことも大変嬉しく思います。デイビットさん、ブランドンさん、お疲れ様でした。　　　　　（文責：野沢慎司／社会学部教員）[5]

トークセッションでの矢野デイビットさん（中央）、ブランドン・スミスさん（右）と聞き手の野沢（左）。

第 1 章　2016 年度の活動報告

3　教育プログラム整備

　「多文化共生サポーター」および「多文化共生ファシリテーター」を育成するために、2016 年度は下記の講義科目を開講した。

①現代世界と人間 1：内なる国際化としての多文化共生①（明学共通科目）
　担当講師：長谷部美佳先生、開講曜日時限：春学期月曜 4 時限、校地：横浜キャンパス、1 年次より履修可能
②現代世界と人間 2：内なる国際化としての多文化共生②（明学共通科目）
　担当講師：長谷部美佳先生、開講曜日時限：秋学期月曜 4 時限、校地：横浜キャンパス、1 年次より履修可能
③社会学特講 A：内なる国際化論 – 人の移動の実態とメカニズム（社会学科、社会福祉学科）
　担当講師：宣元錫先生、開講曜日時限：夏季集中、校地：白金キャンパス、2 年次より履修可能（社会福祉学科の学生も履修可能）
④社会学特講 B：内なる国際化論 – 日本およびアジア諸国の比較研究（社会学科、社会福祉学科）
　担当講師：宣元錫先生、開講曜日時限：夏季集中、校地：白金キャンパス、2 年次より履修可能（社会福祉学科の学生も履修可能）
⑤社会学特講 A：異文化コミュニケーション（社会学科、社会福祉学科）
　担当講師：岩田一成先生、開講曜日時限：春学期・秋学期木曜 2 時限、校地：白金キャンパス、2 年次より履修可能（社会福祉学科の学生も履修可能）
⑥英語研究 1A：多文化社会と言語教育に関する科目（明学共通科目）
　担当講師：高桑光徳先生、開講曜日時限：春学期金曜 2 時限、校地：横浜キャンパス、2 年次より履修可能
⑦英語研究 1B：多文化社会と言語教育に関する科目（明学共通科目）
　担当講師：高桑光徳先生、開講曜日時限：秋学期金曜 2 時限、校地：横浜キャンパス、2 年次より履修可能

15

第 1 部　プロジェクト報告

4　支援実践活動

4.1　合気道教室

　さぽうと 21 にて学習支援を受けている、外国につながりのある子どもたち
を対象とした合気道教室を、2016 年 4 月から 2017 年 1 月まで、明治学院大学
体育会合気道部が部活動を行っている道場の片隅を借りて開催した。合気道の
指導は、同部の顧問をつとめる浅川と、監督をつとめる OB の土岐氏が春学期
を担当し、秋学期は現役の指導を引退した 4 年生に主に担当いただいた。ま
た、さぽうと 21 までの子どもたちの送迎は、学生ボランティアによって担当
いただいた。教室の初日と、最終日の様子を、さぽうと 21 のブログより下記
に引用する。

　　先週 2 日に説明会を行った「合気道」ですが、4 月 9 日、いよいよ教室
　が始まりました。明治学院大学の浅川先生、合気道部 OB の土岐さん、そ
　して送迎ボランティアとして学生さん 2 名がお迎えにいらしてください
　ました。
　　お世辞にも「強そう」とは言えない 3 名（ベトナム、ミャンマーにつな
　がる小学校 6 年生、中学生）と、格闘技大好きの 1 名（ミャンマー出身の
　専門学校生）が、大学の道場に向かいました。今日は、保護者 1 名、コー
　ディネーター矢崎もご一緒させていただきました。
　　土岐さんが優しく分かりやすくご指導くださり、浅川先生が 4 人の様子
　を見ながら細やかにフォローしてくださいます。何と贅沢な……。
　　合気道教室から学ばせていただくことは山ほどありそうです。そんな感
　じしませんか？[6]

　2016 年 4 月 9 日にスタートした「合気道教室」ですが、本日 1 月 21 日
　に、2016 年度の稽古を無事に終えました。
　　4 月 9 日のブログで、「お世辞にも「強そう」とは言えない 3 名（ベト
　ナム、ミャンマーにつながる小学校 6 年生、中学生）」とご紹介した 3 名
　が、今日も稽古に参加しました。
　　正直なところ、「いつ脱落してしまうだろう」と、ずっと心配していまし
　たが、とにかく続きました。とてもとても、とてもとても嬉しく思います。

明治学院大学体育会合気道部顧問の浅川先生、OB の土岐先生はじめ、合気道部の皆さん、送迎ボランティアとして参加してくださった皆さんに、心から感謝申し上げます。

今月の稽古は、部活がなかったとのことで、広い道場を贅沢に使わせていただき、部員の皆さんに丁寧にご指導賜りました。ありがとうございます！

学習支援室の子ども達を相手にしていると、めったに思い出すことのない「継続は力なり」という言葉を、今日は久しぶりに思い出しました[7]。

4.2　夏期集中学習支援・春期集中学習支援

さぽうと 21 との共催で、夏期集中学習支援を、2016 年 8 月 1 日から 8 月 30 日まで、明治学院大学にて開催した。外国につながるこどもたちは、小学生 4 名、中学 1 年生 3 名、中学 2 年生 3 名、中学 3 年生他 4 名が参加した。26 名の学生ボランティアが参加し、子どもたちの学習支援の補助や話し相手を担った。

また、同様の学習支援活動を、2017 年 3 月 27 日から 4 月 5 日まで開催する予定である。

5　広報活動

5.1　特設 WEB サイトの運営

2015 年に開設した本プロジェクトの特設 WEB サイト[8]を、本年度も運営した。本年度は特に多言語化に注力し、英語、中国語、韓国語に加えて、ポルトガル語、スペイン語、ベトナム語でも情報提供が行えるようになった。

5.2　リーフレット作成

本プロジェクトの概要を説明するためのリーフレット、および年度ごとの開講科目を紹介するためのリーフレットの 2 種類の作成を行った。3 月末のオープンキャンパスまでには完成する予定である。

5.3　他部署との連携

今年度は広報課との連携を密に取ることができるようになった。学内誌『白

第1部　プロジェクト報告

金通信』485 号（7 月号）に巻頭特集記事として、本プロジェクトの取り組みが紹介された。また、2017 年 1 月 3 日の朝日新聞の広告記事（「平成 29 年新春躍進する大学の学長メッセージ」）にも、「共生社会の担い手を育成する『内なる国際化』プロジェクト」が取り上げられた。

6　自己評価

映画上映会やシンポジウムなどのイベントごとに、簡単なアンケート調査を実施した。「外国につながる方々の日本での生活について理解が深まりましたか？」という設問に対する回答は、以下の通りであった。

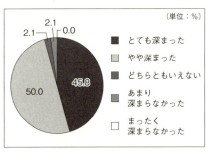

シンポジウム（n=48）

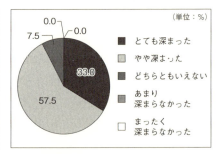

孤独なツバメたち（n=106）

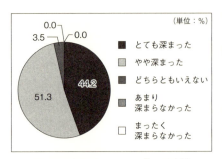

Roots of many colors（n=113）

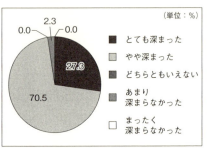

ア・エスコーリャ（n=44）

第 1 章　2016 年度の活動報告

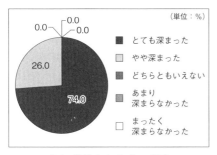
シンポジウム 2（n=27）

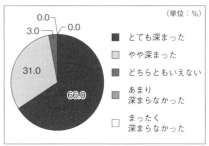
Hafu（n=70）

［注］
1）　http://internal-i18n-meijigakuin.org/archives/1092（2017 年 1 月 23 日閲覧）
2）　http://internal-i18n-meijigakuin.org/archives/1108（2017 年 1 月 23 日閲覧）
3）　http://internal-i18n-meijigakuin.org/archives/878（2017 年 1 月 23 日閲覧）
4）　http://internal-i18n-meijigakuin.org/archives/1075（2017 年 1 月 23 日閲覧）
5）　http://internal-i18n-meijigakuin.org/archives/1584（2017 年 1 月 23 日閲覧）
6）　http://support21.or.jp/staffblog/2016/aikido/（2017 年 1 月 23 日閲覧）
7）　http://support21.or.jp/staffblog/2017/keizokuwachikaranari/（2017 年 1 月 23 日閲覧）
8）　http://internal-i18n-meijigakuin.org/

第2章 「外国につながる子どもたち」との関わりを考える

高桑光徳

1 プロジェクト2年目を迎えて

　2015年度より発足した、本学社会学部と教養教育センターによる「『内なる国際化』に対応した人材の育成」プロジェクト（以下、「内なる国際化」プロジェクト）は、本稿執筆時点で、プロジェクトとしての活動2年目を終えようとしている。2015年度の成果をまとめたブックレット『もうひとつのグローバリゼーション』（明治学院大学教養教育センター・社会学部 2016）で示したように、プロジェクト初年度は「内なる国際化」につながる事象全体をどのように理解し、そしてどのように教育実践につなげていくのか、ということに焦点を当てていた。これは、プロジェクトメンバーの中に、いわゆる多文化共生を狭義の意味で専門分野とする研究者がいなかったことを考えれば、自然な流れであったといえよう。すなわち、「内なる国際化」に対応した人材を大学として育成する必要性を感じつつも、それを具体的にどのように実践していくかということを、文字通り手探りの状態で模索しながらプロジェクトを推進していたのである。

　初年度の活動を終え、シンポジウムや研究会の開催、また「内なる国際化」に関連する分野に関心をもつ学内外の人たちとの邂逅および連携を通じ、プロジェクトメンバーそれぞれの（狭義の）専門分野が、実は「内なる国際化」につながる事象と重なったり、また広がりをもつ可能性があることを認識できたのは幸運であった。その結果、プロジェクト2年目の活動では、それぞれの専門分野との関わりにおいて、「内なる国際化」につながる事象全体から、その中の個々の行為者である外国につながる人たち、特に外国につながる子どもたちに着目するようになったのだが、振り返ればこれもまた自然な流れであったといえよう。

　外国につながる子どもたちについては、不就学の問題が取り上げられることが多く、学齢期の子どもたちについての研究は小島（2016）、佐久間（2006；

第1部　プロジェクト報告

2011）などに詳しい。本稿では、こうした不就学の問題そのものよりも、大学および大学生が外国につながる子どもたちの教育について考える意義を考察する。なお、「内なる国際化」プロジェクト2年目の活動との関わりでいうと、ここでいう「子どもたち」というのは、その範囲を年少者に限ってはいないことを指摘しておきたい。さまざまな理由で日本に移住した外国につながる人たちをいわば移民1世とすると、年齢にかかわらず、その子孫はそれぞれの親世代との関係において、「外国につながる子どもたち」と理解することができる。それぞれの世代でホスト社会との関わり方に違いがあり、それゆえ、たとえば「母国」や「母語」、あるいは「母文化」の定義も異なる。結果として、アイデンティティの面でも異なった葛藤を抱える場面が生じる。したがって、外国につながる子どもたちの教育を考えるにあたり、「教育」と「家族」という要素が、ひとつが縦軸だとすると、もうひとつが横軸として、複雑に絡み合っていることを理解しておく必要がある。教育ということばを聞くと学校教育を思い浮かべることが多いが、学校外での教育も大切な問題であり、経済資本や文化資本などを含め、そこには家族の存在が深く関わってくる。「内なる国際化」プロジェクトでは今年度、難民の支援などを行っている社会福祉法人さぽうと21と連携し、その活動を側面から支援する形で、外国につながる子どもたちの学習支援活動を実施した。この活動は、2年目を迎えた「内なる国際化」プロジェクトの活動の大きな柱のひとつであったが、この実践の場は、まさに教育と家族の問題が交差している空間で実施されたといえるだろう。なお、この活動については、野沢（第3章）に詳述されているので、そちらを参照されたい。

2　「不就学」の実態はどこまで分かるのか

さて、ここからは、大学の教学改革の一環である「内なる国際化」プロジェクトで、外国につながる子どもたちの教育を考える意義を考察したい。以下の議論は必要最低限の教育という文脈で提示するものであり、考察の範囲を義務教育とし、学齢期の子どもたちをその対象とする。なお、学齢期の「外国につながる子どもたち」とは、外国籍の児童・生徒だけでなく、様々な理由により本人あるいは家族が外国とつながりのある日本国籍保持者や無国籍者も含む。一方、日本政府の発表する統計では、「外国人児童・生徒」とは前者のみを指

第 2 章 「外国につながる子どもたち」との関わりを考える

すので、この点は注意が必要である。

　まず、外国につながる子どもたちを取り巻く環境であるが、彼ら彼女たちの国籍が日本でない限り、教育が「義務」とはなっていないことを指摘する必要がある。憲法第 26 条で定める就学義務を負うのは日本国籍がある場合だけであり、日本国民以外が就学義務を負うことが想定されていないのである。この結果、日本国籍がない場合、外国につながる子どもたちの就学は、憲法上は「教育を受ける『権利』でなく、あくまでも『恩恵』として、日本の公立学校への受け入れが認められている」（小島 2016：25）に過ぎない。

　では、実際にはどのくらいの児童生徒が不就学なのであろうか。本来であれば「外国につながる子どもたち」全体を概観すべきだが、統計資料として明示できるのが「外国人」のみとなるため、この節では外国人児童・生徒のみに焦点を当てる。小島（2016：31）が 2002 年に開催された外国人集住都市会議の資料から作成したデータによれば、学齢期の外国人登録者数のうち、就学者と外国人学校在籍者を除いた数を不就学者とすると、同会議参加都市ではその割合が 20％台から 30％台の自治体が多い[1]。一方、文部科学省（2010）が任意の 29 市で行った同様の調査によれば、不就学者の割合は、最高の静岡県袋井市でも 5.4％を記録しているに過ぎず、残りは多くても 2、3％で、29 市の平均値は 0.7％となっている。調査によって数値の差が際立っているが、この差は前者が「就学」していない児童生徒をすべて「不就学」として扱っているのに対し、後者は調査の際に子どもが「不就学」であると回答した数のみを考慮に入れて、「不就学かどうかは不明」な場合は勘案していないことによる。このように「不就学」の定義によって不就学者の割合は変わってくるので、実際にどれくらいの児童生徒が不就学なのかを全国的な規模で明らかにするのは困難である。また、どちらの定義を用いるにしても、これらの調査は外国人が比較的集住する地域を中心に実施されており、日本全体の現状は俯瞰できていない。本稿では政府統計を用いて、学齢期の外国人児童・生徒がどれくらい存在する可能性があるのかを検討してみる。

　法務省による本稿執筆時点での最新の調査（法務省 2016）では、3 か月以上日本に滞在する在留外国人の数は、前年度より 3.4％増えて 230 万人を超え、過去最高となった（2,307,388 人）。このうち、学齢期に相当する在留外国人数は以下の通りである。

23

第1部　プロジェクト報告

表1　学齢期に達している在留外国人数

年齢	6歳	7歳	8歳	9歳	10歳	11歳	12歳	13歳	14歳	15歳
人数	13,243	12,884	12,695	11,866	11,391	11,284	10,880	11,036	11,178	12,171

総務省統計局（2016d）をもとに作成

　年齢と学年は必ずしも一致しないし、また生月の関係もあるので概数でしか表せないが、小学校の学齢に該当する内、満6歳から満11歳までの在留外国人数は73,363人、満7歳から満12歳までの在留外国人数は71,000人である。また、中学校の学齢に該当する内、満12歳から満14歳までの在留外国人数は33,094人、満13歳から満15歳までの在留外国人数は34,385人である。どちらの区切りで考えても、小学生の学齢に相当する在留外国人数は7万人強、中学生の学齢に相当する在留外国人数は3万人強、合計すると10万5、6千人程度の学齢期の外国人が中長期的に在留している。
　一方、文部科学省（2016）の調査によれば、日本で学校教育法第1条に基づく正規学校（1条校）と認定されている小学校・中学校相当の教育機関に在籍している外国人児童・生徒数は以下の通りである。

表2　正規学校（1条校）に在籍している学齢期の外国人児童・生徒数

	国立	公立	私立	合計
小学校	58	49,093	471	49,622
中学校	37	20,686	809	21,532
義務教育学校	—	185	—	185
中等学校（前期課程）	11	79	23	113
特別支援学校（小学部）	1	412	1	414
特別支援学校（中学部）	1	222	—	223
合計	108	70,677	1,304	72,089

総務省統計局（2016a；2016b；2016c；2016e；2016f）をもとに作成

　この調査によって、文部科学省が把握している範囲では、1条校に在籍している外国人児童・生徒数は約7万2千人となり、学齢期の在留外国人数と比べると、約3万3、4千人の差があることが分かる。
　ここで留意したいのは、この3万人強の差がそのまま不就学ということにはならない、ということである。例えば、外国籍の子どもたちにとっては、外国

24

人学校に通うことも選択肢のひとつである。したがって、外国籍の子どもたち
のうち、ある一定程度の児童・生徒は、外国人学校に通っていると考えられ
る。ただし、この「一定程度」の割合を具体的に算出するのは、統計上困難で
ある。同じ文部科学省の調査では、「各種学校」としての「外国人学校」には
28,991 人が在籍しており、そのうち「高卒以上を入学資格とする課程の生徒
数」が 4,319 人となっているので、この数を差し引くと、合計 24,672 人が初
等・中等教育を受けている児童・生徒であると推測できる。ただし、この中に
は高校生の学齢に相当する生徒も含まれるし、日本人の児童・生徒も含まれ
る。したがって、上述の「正規学校（1 条校）に在籍している学齢期の外国人
児童・生徒数」と比較可能な形では、「外国人学校に在籍している学齢期の外
国人児童・生徒数」は不明である。

　また、加えて留意したいのは、文部科学省の調査による「1 条校に在籍して
いる外国人児童・生徒数」には、中長期的に在留している学齢期の外国人児
童・生徒以外の児童・生徒数も含まれていることである。したがって、学齢期
の在留外国人数についての妥当な理解は、「法務省が把握している総数 10 万 5、
6 千人程度のうち、文部科学省が把握している限りにおいて、理論上の最大値
として約 7 万 2 千人が 1 条校に通っている可能性があり、また同じく理論上の
最大値として約 2 万 5 千人が外国人学校に通っている可能性がある」というこ
とになる。結果として、学齢期の在留外国人のうち、文部科学省が学校として
認可している教育機関に就学していない児童・生徒数は、理論上の最小値とし
て 8、9 千人程度と概算することはできるが、実際にはもっと多いと考えるの
が妥当であろう[2]。

3 「外国につながる子どもたち」との関わりを考える意義

　さて、上述のように、本稿では外国につながる子どもたちの不就学の問題そ
のものを考えることが主眼ではない。外国籍の児童・生徒に限っても 8 千人を
はるかに上回る子どもたちが就学できていない状態にある。これに日本国籍を
所持する外国につながる子どもたちや、無国籍者数を加味すれば、不就学の実
態はさらに深刻になるであろう。これに加えて、文部科学省（2015）から分か
るように、就学者であっても、日本語指導が必要とされる子どもたちが存在
し、この中には外国籍の子どもに加えて、日本国籍を所持する子どもたちも含

まれている。外国籍の子どもたちのように、そもそも教育が「恩恵」に過ぎない場合だけでなく、日本国籍保持者のように憲法上「権利」として保障されている場合にも、実際の教育現場では困難な状況に置かれているのである。では、この外国につながる子どもたちの教育を考えることが、「内なる国際化」プロジェクトにおいては、どのような意義をもつのだろうか。

グローバル人材育成推進会議（2012：9）による「グローバル化」の定義を採用するならば、現代は「政治・経済・社会等あらゆる分野で『ヒト』『モノ』『カネ』『情報』が国境を越えて高速移動し、金融や物流の市場のみならず人口・環境・エネルギー・公衆衛生等の諸課題への対応に至るまで、全地球的規模で捉えることが不可欠となった時代」といえる。同時に、教育を含め、新自由主義的な政策が実行される中で、セーフティネットが弱まる社会において個人は自分で自分の身を守る必要性に迫られている（Kubota 2015）。実際、大学という教育現場で日常的に大学生に接していると、彼ら彼女らが余裕のない毎日を送っていると感じることが多い。個人個人の差はもちろんあるが、全体を通してみると、大学受験の苦しみから解放されたのも束の間、経済的理由からアルバイトに多くの時間を費やしながら、来るべき就職活動に備えている。そして、大学4年間のうち、数ヶ月から人によっては1年程度を就職活動にかけ、やがて慌ただしく卒業を迎える。このような閉塞的な状況の中では、まず自己の課題を優先し、社会全体に目を向ける余裕がなくなったとしても、それほど不思議ではない。

一方で、日本社会は少子高齢化が進み、2040年代には人口が1億人を割ることが予想されている（週刊エコノミスト 2014）。年金支給開始年齢を70歳に引き上げなければいけないほど社会保障費が増大している中、将来の納税者として高齢化の加速する日本社会を支えていかなければならないのが、まさに現在の大学生である。仮に、政府の推奨する少子化対策に即効性があったとしても、子どもが生まれてから労働力人口とみなされるまでには15年程度、現実的には多くの場合、20年前後の時間を要する。そうなると、今の大学生にとっては、次の世代が労働力人口となるのを待つことは、現実的な選択肢とはならない。このままでは、自分たちだけで超高齢化社会を支えていく必要が出てくる[3]。そうであるならば、移民とどう向き合うかというのは、今の大学生には喫緊の課題といえよう。

ここで、彼ら彼女らは、個人と社会の狭間に立たされる。新自由主義的政策

第 2 章　「外国につながる子どもたち」との関わりを考える

のもと、自己防衛のためには個人を優先し、国境を超えた移動によって社会的
上昇を目指す「グローバル・ミドルクラス」（塩原 2015：223-4）に自らが属
する努力を（おそらく無意識的に）重ねることになる。このことは、グローバ
ル化と聞いて「英語」や「留学」に結びつける発想と重なり、結果として、伝
統的な国際化に代表される外向きのグローバル化に対応した人材を目指すこと
につながる。一方で、グローバル・ミドルクラスに実際に属する人は少数派で
あり、多くの人たちはおもに国内にとどまり、自らはグローバル・ミドルクラ
スに属さないマジョリティ国民となる。個人であっても社会の一員である以
上、社会全体の発展を考えなければ、上述のような少子高齢化問題には立ち向
かえない。このためには、おもに国内にとどまり、自らはグローバル・ミドル
クラスに属さないマジョリティ国民は、移民の中でも同様にグローバル・ミド
ルクラスに属さない人たち、つまり国境を超えた移動による社会的上昇がそれ
ほど容易ではない人たちと共生していく必要性が出てくる。この観点からも、
「内なる国際化」に対応した人材の育成は時代の要請であろう。

　今の大学生にとって、外国につながる子どもたちは、少子高齢化の加速する
日本社会を支え合って生きていくパートナーである。そうした子どもたちの中
には、そもそも就学できていない、あるいは就学できていたとしても学校現場
で様々な困難に直面していることを大学生が理解することは大変重要であり、
大学は彼ら彼女らの理解を深める機会を提供すべきであろう。共生社会の担い
手となる人間の育成を教育目標のひとつに掲げる明治学院大学であれば、その
必要性はさらに高まる。

　「グローバル人材の育成」を考えたとき、グローバル化の概念を「英語」や
「留学」と結びつけ、外向きのグローバル化に対応できる人材こそが経済界に
とっても有用であるかのように謳われているが（グローバル人材育成推進会議
2012）、実際の企業の採用活動においては、英語力や留学経験といった要素が
それほど重要視されていないことが明らかになっている（吉田 2015）。吉田
（2014：36）は、現在のグローバル化に伴う日本国内でのグローバル人材育成
についての議論は、実は日本独自のローカリティに基づいたものであるとした
上で、大学の果たすべき役割を以下のように述べている。

　　大学は大学であるからこそできる役割を見極め、すなわち、今がどのよう
　　な時代であり、今のわれわれがとるべき選択肢には何があるのかを考える

27

第1部　プロジェクト報告

姿勢が重要である。大学で教育を受けた若者が社会の中堅層を形成するには20年程度の年月が必要である。大学が、即効薬にも万能薬にもならないことを再認識することが必要だ。

　上述のように、2040年代には人口が1億人を割ると予想されるほど少子高齢化の進む日本社会において、「内なる国際化」に対応した人材の育成は、現時点だけでなく、20年先を見越しても非常に重要な課題といえる。「内なる国際化」に対応し、共生社会の担い手となる人間になるためには、一緒に社会を担っていくパートナーの置かれている状況を理解することは必須である。将来のパートナーである外国につながる子どもたちの教育について考えをめぐらし、彼ら彼女らと関わっていくことは、他者への理解を深める大きなステップと考えられる。こうした機会を様々な活動を通して学生に提供していくことこそ、「今のわれわれがとるべき選択肢」であろう。

[注]
1)　最低は愛知県豊田市の9.1％、最高は三重県鈴鹿市の56.3％となっている。
2)　これ以外にも、児童・生徒が文部科学省に認可されていない教育機関に「就学」している可能性はある。ただし、文部科学省に認可されていない以上、授業料その他の面で優遇されているとは考えにくく、認可されている教育機関に就学している場合とは区別する。
3)　もちろんこれ以外に、人口減に合わせて低成長社会を目指すという選択肢も考えられる。仮にそうなるにしても、少なくとも現在の大学生にとっては、現役の働き手として、超高齢化社会を支えるという構図は変わらない。

[文献]
グローバル人材育成推進会議，2012，「グローバル人材育成戦略（グローバル人材育成推進会議　審議まとめ）」，首相官邸ホームページ，（2016年1月31日取得，http://www.kantei.go.jp/jp/singi/global/1206011matome.pdf）.
法務省，2016，「平成28年6月末現在における在留外国人数について（確定値）」，法務省ホームページ，（2017年1月26日取得，http://www.moj.go.jp/nyuukokukanri/kouhou/nyuukokukanri04_00060.html）.
小島祥美，2016，『外国人の就学と不就学──社会で「見えない」子どもたち』大阪大学出版会.
Kubota, Ryuko, 2015, "Paradoxes of Learning English in Multilingual Japan: Envisioning Education for Border-crossing Communication," Ikuko Nakane,

Emi Otsuji and William S. Armour eds., *Languages and Identities in a Transitional Japan: From Internationalization to Globalization*, New York: Routledge, 59-77.

明治学院大学教養教育センター・社会学部編, 2016, 『もうひとつのグローバリゼーション──「内なる国際化」に対応した人材の育成』かんよう出版.

文部科学省, 2010, 「外国人の子どもの就学状況等に関する調査の結果について」, 文部科学省ホームページ, (2017 年 1 月 26 日取得, http://www.mext.go.jp/component/a_menu/education/micro_detail/__icsFiles/afieldfile/2010/09/01/1295604_2.pdf).

文部科学省, 2015, 「『日本語指導が必要な児童生徒の受入状況等に関する調査(平成 26 年度)』の結果について」, 文部科学省ホームページ, (2017 年 1 月 26 日取得, http://www.mext.go.jp/b_menu/houdou/27/04/__icsFiles/afieldfile/2015/06/26/1357044_01_1.pdf).

文部科学省, 2016, 「学校基本調査─平成 28 年度結果の概要─」, 文部科学省ホームページ, (2017 年 1 月 26 日取得, http://www.mext.go.jp/b_menu/toukei/chousa01/kihon/kekka/k_detail/1375036.htm).

佐久間孝正, 2006, 『外国人の子どもの不就学──異文化に開かれた教育とは』勁草書房.

────, 2011, 『外国人の子どもの教育問題──政府内懇談会における提言』勁草書房.

塩原良和, 2015, 「グローバル・マルチカルチュラル・ミドルクラスと分断されるシティズンシップ」駒井洋監修・五十嵐泰正・明石純一編 『「グローバル人材」をめぐる政策と現実』明石書店, 222-237.

週刊エコノミスト, 2014 年 9 月 2 日, 『とことん考える人口減』毎日新聞社.

総務省統計局, 2016a, 「中学校　外国人生徒数」, (2017 年 1 月 26 日取得, http://www.e-stat.go.jp/SG1/estat/Xlsdl.do?sinfid=000031504608).

総務省統計局, 2016b, 「中等教育学校　外国人生徒数」, (2017 年 1 月 26 日取得, http://www.e-stat.go.jp/SG1/estat/Xlsdl.do?sinfid=000031504712).

総務省統計局, 2016c, 「義務教育学校　外国人児童生徒数」, (2017 年 1 月 26 日取得, http://www.e-stat.go.jp/SG1/estat/Xlsdl.do?sinfid=000031504635).

総務省統計局, 2016d, 「国籍・地域別　年齢・男女別　在留外国人」, (2017 年 1 月 26 日取得, http://www.e-stat.go.jp/SG1/estat/Xlsdl.do?sinfid=000031474390).

総務省統計局, 2016e, 「小学校　外国人児童数」, (2017 年 1 月 26 日取得, http://www.e-stat.go.jp/SG1/estat/Xlsdl.do?sinfid=000031504581).

総務省統計局, 2016f, 「特別支援学校　外国人在学者数」, (2017 年 1 月 26 日取得, http://www.e-stat.go.jp/SG1/estat/Xlsdl.do?sinfid=000031504712).

吉田文, 2014, 「『グローバル人材の育成』と日本の大学教育──議論のローカリズムをめぐって」『教育学研究』81 (2): 164-175.

第1部　プロジェクト報告

吉田文, 2015, 「グローバル人材の育成をめぐる企業と大学のギャップ——伝統への
　　固執か、グローバル化への適応過程か」駒井洋監修・五十嵐泰正・明石純一編
　　『「グローバル人材」をめぐる政策と現実』明石書店, 206-221.

第3章　難民の子どもたちのための夏休み学習支援教室
―大学キャンパス内で学生が支援に関わる試み―

野沢慎司

1　大学で子どもたちの「学習支援教室」を開催した経緯

　明治学院大学の教養教育センターと社会学部が推進する「内なる国際化」プロジェクトでは、学生たちに日本国内の多文化状況について理解を深めてもらうための学習機会を様々に設けてきた[1]。しかしこのプロジェクトでは、支援実践を通した学びの機会を学生たちに提供することを当初より計画に組み込んでいた。そのために、本プロジェクトの初年度である 2015 年度より、どのような機関や団体と連携して、どのような機会や場を設けるかについて模索を続けていた。

　その過程で、幸運な偶然から、社会福祉法人「さぽうとにじゅういち」（以下、さぽうと 21）の存在を知ることになった[2]。さぽうと 21 は、1979 年に設立されたインドシナ難民を助ける会（現 AAR Japan［認定 NPO 法人難民を助ける会］）の国内事業を引き継ぐかたちで 1992 年に設立され、難民・中国帰国者・日系定住者など、日本に暮らす外国出身者の自立を応援する活動として、相談事業および生活自立援助事業（自立支援事業、学習支援室事業、緊急支援事業）を展開している（さぽうと 21、2017 参照）[3]。本プロジェクトの中核メンバーによる、さぽうと 21 事務所の訪問、毎週土曜に行われている学習支援活動の見学を皮切りとして、連携の模索が始まった。また、学習支援室コーディネーターの矢崎理恵氏を本プロジェクト主催の研究会にお招きし、連携可能性について議論する機会を得た。その後も、さぽうと 21 事務所や明治学院大学での会合やイベントの機会を設け、メールによる頻繁な情報交換を重ねた[4]。その結果、さぽうと 21 が長年にわたって蓄積した知見や人的ネットワーク情報の提供を受け、本プロジェクトの事業展開に対する支援をいただく関係が作られた[5]。

　このようにして協力関係が少しずつ発達していた 2016 年 4 月上旬頃、難民

31

など外国にルーツをもつ子どもたちを対象に夏季休暇中の大学の教室を使って集中的に学習支援教室を開催できないかとの提案をいただいた。それは、私たちが当初から模索していた学生たちの支援実践の場が、学外の遠い場所ではなく自分たちのキャンパスの中に、しかも長期休暇中という学生たちも身動きしやすい時期に実現するという意味で、実に好都合な提案であった。さぽうと21は、毎週土曜の学習支援活動は大きな成果を上げているものの、「子どもたちの基礎的な学力をつけるという点からは限界がある」（さぽうと21、2016：2）と感じていた。長年こうした長期休暇の集中学習支援教室の開催を望んでいたが、これまで条件が整わず実現していなかったという。今回、資金面では一般財団法人「柳井正財団」からの助成を得ることになり、また本プロジェクトとの連携により、明治学院大学白金キャンパス内の教室を使った「夏休み集中学習支援教室」（以下「教室」）が実現したのである。

　この「教室」の実現は、本プロジェクトにとっては、学生たちが国内の多文化状況について、具体的な支援実践の現場で学ぶ機会を提供するための試金石という意味合いをもった。そして、後述するように、この「教室」は、他では得がたい貴重な学びの場になることが確認され、プロジェクトが想定していた「多文化共生ファシリテーター」認証に向けた教育カリキュラム編成の道筋が見えてくることになった。

2　「夏休み集中学習支援教室」はどのように運営され評価されたか

　この「教室」の概要について、事業終了後にさぽうと21が作成した『難民子弟のための夏休み集中学習支援教室実施報告書』（さぽうと21、2016／以下『報告書』）の記述に基づきながら紹介したい。この『報告書』では、「教室」開催の目的として3つが掲げられている。第一に、難民の子どもたちの日本語力と学力を向上させ、進学・就職の選択肢を拡げること、そして第二に、学習習慣を身につけさせ、家庭内での自立学習を可能にすることである。このような本来の目的に加えて第三に、「難民問題、難民支援に関心のある若者層に取り組みやすい支援活動の機会を提供し、支援者層を拡大すること」が掲げられている（さぽうと21、2016：2-3）。「内なる国際化」プロジェクトとしては、社会学部の学生がボランティア参加することにより、第三の目的に沿って関心や理解を深め、また第一、第二の目的に資するような支援に関わる視点やスキ

ルを身につけることを期待して協力体制を構築した。本章では、とくにこの点に焦点をあてたい。しかし、その前にさぽうと21（2016）の視点から、第一、第二の目的に関わる実施状況を見ておこう。

　「教室」は、2016年8月中の平日19日間に、おもに明治学院大学白金キャンパス内の教室を使って開催された[6]。受講した子どもたちは、東京近郊に在住する小学6年生から中学3年生を対象とした募集に応じた22名である（結果的には高校生2名を含む）。子どもたちがつながりをもつ国は、ミャンマーが過半数を占め、ほかにコンゴ、アフガニスタン、シリア、エチオピア、ベトナムの6カ国に及ぶ。子どもたちの約3分の1は日本生まれであるが、来日5年以内が過半数を占め、うち3名は来日1年以内である。出身文化圏、日本語能力などの点で多様な子どもたちが含まれている（さぽうと21、2016：3-5）。

　小学6年生は午前9〜12時と午後1時〜3時の合計5時間、中学生以上は午前9〜12時と午後1時〜4時の6時間（さらに午後5時までの1時間はボランティアなどの協力による個別学習時間）を教室内での学習に充てた（さぽうと21、2016：5-7）。毎日最初の90分は日本語能力別に、その後は学年別に編成された4グループほどに分かれて担当講師の授業（日本語、国語、算数／数学、英語、理科、社会）を受けるというスケジュールであった。講師を務めたのは、日本語講師としての経験や外国につながる（難民の）子どもたちの学習支援の経験のある7名である。「教室」に通った子どもたちの出席状況を見ると、欠席なしの皆勤が5名あり、また半数の10名が80％の出席率であった。多くの子どもたちが継続して通学した様子がわかる。

　第一と第二の目的に関わる学力の向上に関して、『報告書』では「教室」開始前後に行った試験による効果測定の結果から評価を試みている。小学6年生については着実に力を伸ばしたこと、とくに「読解問題」得点の顕著な伸びが報告されている。中学生に関しては、残念ながら事前事後の試験における得点の伸びは必ずしも現れなかった。それでも、9月以降に学校内外の実力テスト・模擬テストの点数が伸びたとの報告が複数寄せられており、一定の効果があったことが推測される（さぽうと21、2016：10-12）。同時に『報告書』では、「彼らの学力向上には多くの時間を要するということも痛感した」と述べられており、学力や学習習慣を身につけるためには、このような長期休暇の「教室」を単発ではなく、継続的に開催する必要性が指摘されている（さぽうと21、2016：15）。学力向上という第一の目的はかなり達成され、時間をかけ

第 1 部　プロジェクト報告

て達成しなければならない自宅での自立学習という第二の目的に向かうきっか
けは提供できたとの自己評価が示されている（さぽうと 21、2016：14）。

　しかし、効果はそれだけではない。さぽうと 21 が実施した受講者へのアン
ケート（回答 12 名）によれば、「教室」に参加して「とてもよかった」との回
答が 7 名（58.3％）、「よかった」が 5 名（41.7％）となっている（「参加しない
方がよかった」あるいは「どちらでもない」を選択した人はいなかった）。受
講した子どもたちは、全体に肯定的な評価をしてくれたことがわかる。このア
ンケートの自由記述回答例として、「夏休みの宿題を全部終わらせたのは初め
て」であることや苦手科目が克服されつつあることなど、学習面でできるよう
になったことが具体的に列挙されている。しかしそれに加えて、「友達も増え
て楽しかった」、「夏の思い出もつくることができ」た、などのコメントが寄せ
られたことに注目したい。受講した子どもたちの親たち数名へのヒアリングで
も、「子どもは楽しそうでした。友達ができて、とても楽しそうで、本当にあ
りがとうございます」など、肯定的な感謝の声が寄せられたという（さぽうと
21、2016：12-14）。親たちは、日々仕事に追われ、日本語能力や日本の学校教
育の知識が十分でないこともあり、夏休みに子どもたちの勉強を支援できずに
いることが多い。そのため、長期休暇中に無為な時間を過ごしやすい子どもた
ちが意味のある時間を過す場となった「教室」は、子どもたちからも親たちか
らも肯定的な評価を得たのだと考えられる。

　子どもたちやその親たちの声に耳を傾ければ、当初の事業目的とは別に、重
要な副産物がもたらされたことが浮かび上がる。つまり、この「教室」は、子
どもたちが仲間と出会い、関係を作る、友人ネットワーク形成の場として機能
していたという事実である。さらに言えば、子どもたちに特別な居場所を提供
する機能も果たしていた。『報告書』においても、「当会が開催する土曜日の学
習支援室では大勢いる学習者の一人に過ぎない彼らが、夏休み集中学習教室に
ついては『自分達の教室』という意識を強くもち、主体的に学習していた。う
れしい誤算であった」との認識が示されている（さぽうと 21、2016：14）。

　私自身、「教室」開催中のほぼ毎日、昼休みや学習支援の終了時などに教室
を訪れた。そして、子どもたちや学生ボランティアの様子を継続的に見る機会
を得た。そこでは、当初、初対面の関係が多く、緊張気味だった子どもたち同
士が、次第に打ち解けて、リラックスして過ごすようになる様子が観察でき
た。子どもたちの何人かと話す機会も生まれた。8 月 30 日に株式会社ファー

ストーリーテイリング東京本部内（港区赤坂）で開催された修了式（および昼食会）にも、子どもたちや講師の先生方、当日の学生ボランティアと一緒に出席させていただいた。それも子どもたちと過ごす貴重な時間であった。修了式の行き帰りの移動時間はちょっとした遠足気分で、子どもたち同士が楽しげにおしゃべりしていた。印象的だったのは、修了式で挨拶いただいた助成財団の柳井正代表の質問に対して臆することなく自分の将来の夢を述べたり、皆の前でフランス語の歌を披露したりしていたことである。昼食会の最後には、講師の先生と一緒に日本の盆踊りを楽しむ子どもたちの姿を見て、子どもたち自身がこの「教室」の主役として生き生きと過ごしたことを実感した[7]。

　とくに忘れられないのは、修了式で財団代表に向けて、子どもたちの代表（女子中学生）が朗読したお礼の作文である。朗読の最後の部分では、「この『教室』がもうすぐ終わってしまうことが悲しい。学校ではなくずっとこの『教室』に通いたい」と訴えて涙を流してしまった。難民として日本に暮らす子どもたちは、学校では十分に理解されない少数者として過ごし、周囲からの評価も得にくいのではないだろうか。学力を下支えし、学校での学習を支援することがこの「教室」の主目的ではあったが、少なくとも子どもたちの一部にとっては、「教室」という居場所を得たことの意味がそれ以上に大きかったのかもしれない。そのことに気づかされた。同じような立場にあり、緊張を強いられながら、別々の学校で日常生活を送っている子どもたちが、長く同一空間で過ごすことの意義が改めて理解できた。

　では、そのような場に支援ボランティアとして関わった大学生・大学院生たちは、何を経験し、何を学んだのだろうか。

3　学生ボランティアは何をつかんだのか

　学生ボランティア参加者には、毎回の「教室」終了時に「振り返りシート」を渡し、「活動内容」および「気づいたこと、学んだこと、反省点など自由に」書いてもらった。提出されたシートは 52 枚ある。明治学院大学白金キャンパス内で「教室」が開催されたのは 8 月中の平日合計 15 日であったが、学生ボランティアの参加があったのは最終日 31 日を除く 14 日間である。1 日あたり平均 3.7 人のボランティア参加があったことになる。また、参加学生数は合計28 人なので、学生一人あたりの参加回数（日数）は 1.86 である[8]。

第1部　プロジェクト報告

参加学生の属性を見ると、社会学科14人（1年生2人、2年生2人、3年生9人、4年生1人）および社会福祉学科8人（1年生6人、3年生1人、4年生1人）と社会学部生が大多数（8割弱）を占める。ほかにも、明治学院大学の大学院生（社会学研究科・社会学専攻1名、心理学研究科・教育発達学専攻2人）や心理学部・教育発達学科3年生（1人）の参加があった。さらには首都圏の2つの国立大学から、それぞれ学部生1名の参加があった。明治学院大学・社会学部生をターゲットにして参加者募集（チラシの配布など）を行ったが、結果的には参加者が他学部（大学院）や他大学にまで広がった。このような活動への関心が、潜在的に広く存在している可能性がある[9]。

彼らが具体的にどのような活動をしたのか、シートへの記述から確認しておこう。学生たちは、講師の先生が指導する教室で子どもたちの隣に座って、ドリルの問題などを解く際のサポート役として講師の授業を補佐する「学習サポート」をおもに行っていた。子どもたちを励ましたり、個別に話したりすることも、授業の合間や昼休みには子どもたちと「遊ぶ」こともある。また、帰宅する子どもたちを最寄り駅まで送り届けることも「活動内容」に含まれている。

では、この「振り返りシート」への自由記述内容の一部を紹介しながら、支援ボランティアに参加した学生たちにとってこの活動がどのように受け止められ、意味づけられたのかを考察してみたい[10]。「振り返りシート」の自由記述に表れた学生たちの気づきや学びの内容は、(1)日本語能力の問題の認識、(2)異質で多様な生活状況にある子どもたちへの理解、(3)教えることの困難、(4)関わりの難しさから楽しさへの変化、の4点に整理できる。ただし、この整理の仕方は厳密なものではなく、個々の学生ボランティアのコメントが4要素のうちのいずれかを含んでいるわけではない。実際の学生たちが書き残した経験は、多岐にわたり、これら4つのうちのいくつかを同時に含んでいる場合も多い。それ以外の気づきや学びも含まれている。その点を付言した上で、上記4つの要素について順に見ていこう。

3.1　日本語能力の問題の認識

多くの学生ボランティアたちは、日本語でのコミュニケーションや学習に困難を感じる子どもたちとの接触によって、まず言語の壁の存在と意味に気づいた。とりわけ参加の初回にこの点に触れた学生が多かった。学習上の第一関門

第 3 章　難民の子どもたちのための夏休み学習支援教室

の存在を具体的に体感するという経験と言い換えてもよいかもしれない。次の
ようなシンプルな報告にそれが表れている。

　　一番今回の活動を通して印象に残ったことは、子どもたちの中には日本語
　　の理解度が低い子もいたことだ。問題文の意味も理解できない場合では学
　　習向上に大きく影響を与えると思った。こうした現実を知ることができ、
　　いい経験になりました。　　　　　　（R さん、社会学科 3 年生、参加 1 回）

　これまで日本の一般的な子どもたちへの学習支援経験がある者は、比較の観
点を備えている。日本語の問題を抱える子どもたちへの支援の困難さを（他の
面での差異とともに）敏感に捉えていた。

　　東日本大震災の被災地の子どもたち（小学生）に勉強を教えるボランティ
　　アを経験したことがあるけれど、日本語が分からない子どもたちに勉強を
　　教えるのはとても難しく感じました。でも、素直な子たちが多く、「お願
　　いします」や「ありがとうございました」など挨拶がしっかりしていて礼
　　儀正しい教育を学校や家族からされているのかなと思いました。
　　　　　　　　　　　　　　　　　　　（S さん、社会学科 3 年生、参加 1 回）

　学生たちは、日本語の修得に苦労している子どもたちと対面して、まずはコ
ミュニケーションの困難を感じ、どのように関わればよいのかと戸惑うことも
少なくなかったと推測される。

3.2　異質で多様な生活状況の理解

　その一方で学生たちは、子どもたちの背景を少しずつ知り、またそのような
背景をもちつつ日本の学校に通い、大人になるという状況へと眼を向ける。学
生たちの多くは、自分が慣れ親しんだ当たり前の経験とは異質な経験に対して
想像力を働かせる。そしてそれが社会的にどれくらいの不利をもたらすのかに
関心を向ける。そして、なぜこのような「教室」が必要なのかにも気づくよう
になる。

　　学習において、まず、日本語の意味が分からなかったり、漢字が読めない

37

第1部　プロジェクト報告

点が問題であると感じた。その時点で周りの生徒達とは差があり、進学や
就職において、不利な状況に立たされてしまうのではないかと思った。

（Uさん、社会学科3年生、参加1回）

生徒たちは困難さを表には出さなかったが、話を聞くと、思っている以上
に大変な環境にいるのだなと感じた。学校の授業がどれだけ理解できてい
るのか、学校以外にも、教育の場が必要という現実を理解した。

（Bさん、社会福祉学科3年生、参加1回）

そして、社会的に高いハードルを乗り越えようとして「教室」で毎日長時間
にわたって学習に取り組む子どもたちの姿が孕む意味を再認識する。子どもた
ちに対して強い畏敬の念を表明する記述が目立った。

このような時間を2日間も過ごせて、私の知らない世界をみることができ
て本当によかったです。子どもたちには、幼い頃そして今もかなり大変な
経験をしていること、それを感じさせない元気とパワーをもっているこ
と、とても強く感じました。

（Eさん、社会福祉学科1年生、参加2回の2回目）

夏休みに、ほぼ丸一日勉強と、子ども達の頑張りにおどろきました。一緒
に考えたり、ヒントを与えたりすると、それに応えてくれてとても嬉しか
ったです。しかし、これだけ頑張らないと、"暮らしにくい"という現実
もあると思うと感慨深いものでした。

（Cさん、社会福祉学科1年生、参加2回の1回目）

「教室」に通う子どもたちへの敬意は、単に困難に立ち向かっている事実に
対して向けられているのではない。おそらく国境を超えて移動する、あるいは
多文化的環境で育つという経験によってもたらされた視野・関心・知識の異質
性（その広さ）に対しても向けられている。

自分よりも政治や社会にもっと関心があってとてもすごいと感じました。
私はこの年じゃ知らなかったようなことでも知っていたりしてすごかった

38

です。尊敬しました。　　　（Qさん、社会学科3年生、参加2回の2回目）

　また、多様な背景が子どもたちの個性をもたらしているとの認識を示す記述もあった。そこに身を置くことから学びを得たことが次の記述から見えてくる。

　授業中などの会話を聞いたりする中で、ミャンマーやコンゴ、シリアなど色々な国にルーツを持つ子がいて、それぞれ国によって違いがあることに気がつきました。〔中略〕特に、○○君は、つい最近日本に来て、家族そろって日本語を勉強し、昨年から日本の学校に通い始めたと聞きましたが、あそこまで日本語を流暢に話すことが出来、勉強も頑張っていて、本当にすごいなと感じました。色んな背景を持っている子がいて、一緒に時間を過ごすことが出来、私の方が勉強をさせて頂いています。

　　　　　　　　　　　（Dさん、社会学科2年生、参加4回の3回目）

　多様な背景をもち、多かれ少なかれ困難を感じながらそれを乗り越えるべく努力する姿を傍らで支援する立場に置かれた学生たちは、子どもたちの学びを支援しつつも、むしろ自ら学んでいることを自覚し、また学ばないことの羞恥や焦りを経験しているように見える。

3.3　教えることの困難

　しかしながら、単に感心しているわけにはいかない。彼ら自身が「大学生」として子どもたちの学習を支援する立場に置かれているからである。講師の先生方が授業を進めてくれるとは言え、傍らに座る子どもが教科の学習で困ったときには「教える」という行為にコミットしなければならない。そして教えることの困難に直面し、悩まざるをえない。その様子が記述の中に垣間見える。とりわけ、当たり前に使っている日本語を（で）、言語・文化的背景の異なる子どもたちに「教える」ことの困難である。

　なにげなく使っている日本語も、日本語が母語でない子どもたちにとっては、難しい言葉であり、またそれを使って勉強するのはさらに大変なことだと改めて感じました。また、そのような言葉を説明してほしいと言われ

第1部　プロジェクト報告

ても、上手に説明することができなかったので、自分ももっと日本語について学ばなくてはいけないと感じました。

（Wさん、社会学科2年生、参加2回の1回目）

私たちが何気なく使っている言葉やニュアンスが伝わらなかったり、使い方を教えるのが大変でした。理科、数学は知識と共に漢字という壁がありそちらを乗り越えながらなのでとても難しく、漢字の「形」のみを覚えれば良いのか、意味もつけて教えれば良いのか分からず、少し複雑だったかなと反省しています。私たちには意味ある漢字でも、外国の子には違うのかと思いました。　（Nさん、教育発達学科3年生、2回参加の1回目）

　最後の引用では、学校の学習で自分が当たり前のように使ってきた日本語でつまずくことが、各教科の学習達成の困難につながってしまうという認識が示されている。
　一方、次の引用では、日本語の困難に対処する困難だけでなく（おそらくそれとも関連して）長時間の学習の中で集中が切れがちになる子どもたちにどう対応する困難に言及している。

言葉を分かりやすく、簡単な言葉で伝えなければいけないのが難しかったです。皆の集中力をきらさないようにするのが大変でした。また、集中がきれたときにいかに集中をとりもどすようにさせるの〔か〕が難しかったです。　　　　　（Fさん、社会福祉学科1年生、参加2回の1回目）

　このように子どもたちが集中を欠いておしゃべりなどに傾きそうになるとき、どのように振る舞うか、振る舞ってしまったかについて悩み、反省する記述は多かった。多くの学生たちは、どのように振る舞って「教える」状況をつくればよいかという問いへの回答を繰り返し要求されることで、子どもたちの学習の困難と同時に、学習支援の難しさを学んでいるように見える。
　そこから、さらに支援者に求められていることついて考察を深め、自分なりの方針を論じた例もあった。

　学習面で、どのような課題があるのか、ということが少し理解できた。そ

れは、日本語の問題、教科の問題と別個の課題があるわけではなく、それらの問題が複合的に絡まって一つの課題が生まれているということだ。それぞれの子どもにそれぞれの複数の問題があるのでその見極めが支援者に求められていると感じた。そして、多くの成功の積み重ねで、自信ややる気につながると思うので、教える技術はないがほめることだけは誰よりもやろうと思った。　　　（Ａさん、社会学科４年生、参加３回の１回目）

　１日だけでなく、２回以上の活動参加を経験したボランティアの中には、子どもたちとの関係やその状況への理解が深化し、独自の考察と提言を展開した記述もある。

　　今回が４回目の参加となるが、来日して間もない○○ちゃんの支援を通じて、言葉がわからない状態の生徒の学習支援の難しさを改めて感じた。日本語ではなく、母国語であれば、問題なく正解にたどりつける内容でも、言葉〔が〕違うだけでぶつかる困難があり、本来学ぶべき事が学べない事もあると思われる。数学や英語などの実力をつけていくには、日本語の記述が少ない問題も混ぜて学習支援をしていく事を、検討しても良いかと思われた。　　　　　　（Ｏさん、教育発達学専攻大学院生、参加５回の４回目）

　以上の記述例からは、参加した学生ボランティアたちが、「教える」ことを補助する立場の難しさに悩みつつも、考察を深め、方策を模索する姿が浮かび上がってくる。

3.4　関わりの難しさから楽しさへの変化
　「教える」ことの難しさ、支援者役割の困難を記す例は多いが、学生ボランティアたちの経験は否定的なものとは限らない。多くの記述例の中に肯定的な自己評価が含まれている。例えば、子どもたちとの関わりにおいて当初は戸惑いや距離が感じられていたが、次第に「うれしい」あるいは「楽しい」経験へと変化したという記述である。

　　最初はお互いまだ会ったばかりで、打ちとけてくれなかったけど、勉強を教えていくうちに、たくさん話ができて、私を先生！と呼んでくれて、と

第1部　プロジェクト報告

てもうれしかった。様々な環境の中でも、精一杯勉強している姿を見て、とても良い経験になった。もっと今度は積極的にコミュニケーションをとりたい。 (Gさん、社会学科1年生、参加1回)

教えるということは初めてで、困惑していたが慣れてくると楽しくなってきた。〔中略〕私自身、国際交流の機会を得たのが初めてで、今まで閉鎖的な考えをもっていた。今日、生徒と関わったことで、もっと知りたいと思えた。生徒たちは上手く環境に適応している。その姿に尊敬の意を感じた。またこのような機会があったら、ぜひ関わらせていただきたい。

(Bさん、社会福祉学科3年生、参加1回)

　後者の記述には、自分の視野が国内に限定された「閉鎖的な」ものから国外へと広がったことを肯定的に捉え、関心が拡大することを歓迎する気持ちが読み取れる。先述のような子どもへの尊敬の念も表明されている。この引用のように、再度参加したいとの希望を記す例も多かった。
　学習支援の現場における学生ボランティアの立ち位置は難しいという認識が広く見られたが、次の例のようにその立ち位置の独自性に触れ、それによって子どもたちとの関係を楽しんだ経験について肯定的に記述した例もあった。

私たち学生は先生でもない、生徒でもないという子どもたちから程良い距離感の存在でいることが、大切なのかなと思いました。2日目はみんなと約束してお昼を学食で仲良く食べれたのは素敵な思い出になりました。

(Eさん、社会福祉学科1年生、参加2回の2回目)

　以上、毎日の活動終了時に学生ボランティアの皆さんに記入してもらった「振り返りシート」への記述例を紹介しながら、彼らが何を経験し、何をつかんだのかを4つの観点から考察してきた。
　第一に、多くのボランティア参加学生たちは、「教室」で学ぶ子どもたちが多かれ少なかれ日本語能力の問題に直面していること、子どもによってはその困難がとりわけ大きいことを認識する。第二に、多くの学生は、子どもたちがそうした困難な状況を含む異質で多様な背景をもち、にもかかわらず長時間・長期間にわたって「教室」で努力する姿へと視線を向けるようになる（多くは

42

尊敬の念を覚える）。第三に、「教える」という行為の困難が、日本語理解の問題と教科の学習との関連、子どもたちの集中を保つ方法などの観点から考察されることがあった。そして第四に、子どもたちとの距離感が変化し、（おそらく上記のような理解の深まりや試行錯誤の結果として）関係の深まりや楽しさ（うれしさ）を経験する例も少なくない。これらの気づきや学びで得られた4つの要素のうちどこに焦点があるかという点では個人差が大きい。同時に複数の要素が個人の中で相互に結びつきながら展開していることも多い。

「振り返りシート」から浮かび上がる、「教室」現場での学生たちの学びの全景は、当初の予想以上に奥深く、幅広い。そして、予想されたことではあるが、そこでの学びは読書や講義などからの学びとは異なる次元で支援者たる学生たちに認識の修正を迫る力をもっている。さらには、文献などからの学びを誘発する可能性さえある。その可能性を現実のものとするためには、おそらく事前指導や振り返りの機会を別に設ける必要もあるだろう[11]。にもかかわらず、今回の「教室」の試みは、これからの大学教育を展開する上でも有益な多くの成果をもたらしたと感じている。

4　大学内での学習支援実践の評価と今後の課題

この「教室」開催は、外部からも高く評価されている。本プロジェクトに早い時期から注目していた『カトリック新聞』は、シリーズの特集記事で2回にわたって本プロジェクトの展開を詳細に報じている（カトリック新聞、2016aおよび2016b／49～50頁の折り込み記事参照）。とくに2回目の記事では、丁寧な取材に基づき、「教室」の詳細と意義を紹介している。その後、この記事は英訳され、アジアのカトリックニュース配信社（The Union of Catholic Asian News = UCAN）から世界にネット配信された（UCANews. Com、2016）。さらに、中国語版の記事も配信された（UCAN 天亞社中文網、2016）。カトリック系のメディアを通じて3カ国語で世界に発信されたことは、この「教室」の試みが国際的に注目に値すると外部から評価されたに等しい。

では、どのような点がとくに注目に値するのか。第一に、子どもたちが大学キャンパス内の教室で大学生・大学院生とともに学ぶ意義を指摘できるだろう。さぽうと21は、この「教室」実施の第一の目的に「進学・就職の選択肢を拡げる」ことを含めていた。子どもたちは、日本の小中学校で学ぶうちに進

第1部　プロジェクト報告

路選択の岐路に立たされる。自分の進路を考えるとき、多くの子どもたちは日本の他の子どもたちに比べて、キャリアを拓くための役割モデルや情報・助言を身近な人々（家族など）から得ることが難しい状況にある。大学に進学し、そこで学んだことを前提にして特定の職業に就く具体的なイメージがなければ、子どもたちが進学を目指して勉強する動機は生じにくい。しかし、実際に1ヶ月間大学の教室に通って大学という環境の具体例を知ることで、子どもたちは将来の進路を想像しやすくなるだろう。また、多くの大学生に出遭うことで、理想とする将来の自己イメージ（大学生像）の選択肢を手に入れる可能性が高まる。それは、今ここで勉強する意味が明確化する機会でもある。

　夏季休暇中の大学キャンパスは、学食で昼食をとる体験を含めて、子どもたちにとって非日常的な刺激や楽しさをもたらす効果も大きい[12]。すでに論じたように、学校という日常空間とは別のところに、安心できる居場所や仲間を得る意味でも、子どもたちが大学キャンパスに通う意義は大きい。

　逆に、大学生が子どもたちを自分たちのキャンパス（ホームグラウンド）に迎え入れることは、学生にとっての利点もある。自分とは異質で多様な背景をもち、日本語に困難を感じる子どもたちの学習支援活動は、多くの大学生にとって参加への心理的なハードルが高い。すでに継続的に活動が進行している遠方に出向いて、慣れない環境下で支援活動に参加する場合はなおさら緊張が高まるだろう。しかし、慣れ親しんだ自分の大学のキャンパス内に子どもたちを迎え入れて行う場合は、ハードルがかなり下がるのではないだろうか。学生ボランティアの側が子どもたちに学食などの学内施設やそのシステムを教える立場あるため、学生側から関係形成のきっかけを作りやすい。

　サービスラーニングと呼ばれる社会参画型の教育手法では、通常、学生たちが大学から地域社会へと出ていって、社会に貢献し、社会について学ぶことが想定されている。しかし、社会の中で見えにくい少数者（外国ルーツをもつ子どもたちはその一例）を大学内に招き入れるかたちで支援する社会貢献にも独自の意義がある[13]。私自身が経験したように、キャンパス内での活動には関連する教員が足を運びやすく、運営主体となる外部の団体（今回の場合はさぽうと21）との連携を深める上でも好都合である。

　今回の「教室」開催において、起ち上がったばかりの学内教育プロジェクトが一定の成果を上げられたとすれば、それはさぽうと21という長期にわたって国内の難民などの支援実績をもつNPOが主導的な役割を担い、それを側面

第 3 章　難民の子どもたちのための夏休み学習支援教室

支援する私たち大学側が緊密な連携関係を構築できたことによると考えている。資金面の助成をいただいた柳井正財団との連携を含め、得意分野の異なる三者の協働が機能することで、意味のある成果が導かれることを私たちは学んだ。

　この点に関連して、明治学院大学の同僚教員でもある齋藤（2016）は、サービスラーニングのような体験型学習プログラムについて次のような見解を述べている。

> 大学の教育プログラムに協力するフィールド（現場）には、必ずそのフィールドにキーパーソンやプログラムを運営している組織や団体の存在がある。受け入れ側の組織や団体が大学のプログラムをどのように見ているのか、どのような要望があるのか、そうした声を聴くこと、また話し合うことでプログラムの質が高まる。質が高まると、学習効果が上がる、という好循環を生み出すことができる。
> （齋藤、2016：208）

　「教室」の実施にあたっては、キーパーソンである学習支援室コーディネーター、矢崎理恵氏の力量に負う部分が明らかに大きかった。と同時に、さぽうと21とのコミュニケーションを重ね、（十分とは言えないにしても）できるだけその声から学ぼうとしてきたことも事実である。学生たちが参加する教育プログラム編成の道筋も、そのような「声を聴くこと、また話し合うこと」の過程から立ち現れてきた[14]。授業としてみれば、その準備に通常とは比較にならないエネルギーと時間を要することも事実である。投入コストの増大はパートナーとなる学外団体にとっても同様であろう。当然ながら、コストに見合う果実が収穫されたと双方が感じられる状態を作り出すことが肝要である。今回の「教室」の試みによって、その実現可能性が確認されたように思う。

　本プロジェクトでは、ボランティア支援実践での学びを体系的に推進するために、2017年度から社会学部の学生向けに「ボランティア実践指導」という通年の少人数科目を提供する予定である。履修生は、この科目履修の一環として夏季休暇中の「教室」での支援実践に参加し、そのための事前指導と事後指導を受けることになる[15]。他の関連講義科目の履修と合わせて単位取得基準を満たせば、「多文化共生ファシリテーター」として認証することになっている。このようなカリキュラムが成果を上げるためには、協力団体との協議を重ねる

45

第 1 部　プロジェクト報告

ことでプログラムの質を高め、学習効果を高める好循環を作り出すことがます
ます必要になると理解している。そして、このユニークな教育プロジェクトの
価値を理解し、支援してもらえるよう、学内環境を整備することも当面の重要
な課題となっている。

［注］

1)　2015 年度の取り組みについては、明治学院大学教養教育センター・社会学部
（2016）を、今年度については本書の他の章を参照いただきたい。

2)　私のゼミに所属した明治学院大学の卒業生、岩本雄次氏から社会福祉法人さぽ
うと 21 でボランティア活動の参加経験があるという話を偶然聞いたことから、
彼に学習支援室コーディネーターへの仲介をお願いした。架け橋となった岩本
氏に、この場を借りて感謝したい。

3)　なお、さぽうと 21 は、2016 年 12 月に「エクセレント NPO」をめざそう市民会
議による第 4 回「エクセレント NPO 大賞」の「市民賞」を受賞している。

4)　明治学院大学白金キャンパスとさぽうと 21 の事務所が徒歩圏内と言えるほど近
接していることも、連携を進める上での好条件であった。

5)　その過程で、多くの出会いと学びがあり、本プロジェクトの中核メンバーであ
る私たち大学教員の視野が広がり、「内なる国際化」の意味とプロジェクト計画
が再定義され、明確化されていった。

6)　明治学院大学の夏季一斉休暇期間中に教室が開催された 5 回（5 日）だけは、渋
谷区内の別の場所で開催された。当初、「教室」開催期間は 20 日間（白金キャ
ンパスでの開催は 15 日間）の予定だったが、8 月 22 日は台風の影響により「教
室」が休講となったため 19 日（白金キャンパス 15 日）の開催となった。

7)　この点は後述の学生ボランティアが記入した「振り返りシート」の記述からも読
み取れる。そしてこのような場の雰囲気を作り出す上で、さぽうと 21 のコー
ディネーターや講師の先生方の努力がいかに大きな要因であるかを痛感している。

8)　参加日数の分布は、1 日のみが 11 人、2 日が 13 人と多数を占める。しかし、少
数ではあるが 3 日（2 人）、4 日（1 人）、5 日（1 人）と繰り返し参加した学生も
いた。

9)　参加学生ボランティア 28 人中、男子学生は 5 人のみである。子どもたちへの学
習支援という活動に対する関心の分布が女子学生の間に偏在しており、男子学
生への啓発の必要性が示唆されている。

10)　「振り返りシート」からの引用については、記入した学生ボランティアの了承を
得た。

11)　後述のように、本プロジェクトの一環として、2017 年度から社会学部の学生向
けに「ボランティア実践指導」という科目を提供する。

12)　「教室」の最終日に子どもたちの一部に、大学内の図書館や資料館を案内する小
さなキャンパスツアーの時間を設けた。そのような機会は、大学で学ぶイメー

ジと大学を楽しむ効果の両方があるように思われる。より効果的なプログラム
の設計は今後の課題である。

13）今回の「教室」は、大学のエクステンション（大学開放による社会貢献）機能
とサービスラーニングを融合させる試みと言えるかもしれない。

14）柳井正財団の事務局と協議する機会も複数回あり、連携が進んでいる。

15）2017 年の夏季休暇に先立ち、3-4 月の春期休暇中に 8 日間にわたる「教室」開催
を計画している。これは、「ボランティア実践指導」の履修とは独立に開催され
るものであり、「多文化共生ファシリテーター」の認証とは直接結びつかないか
たちでの実施という意味では、2016 年夏季の前回「教室」と同様である。前回
同様に学生ボランティア募集を 2017 年 1 月に行った結果、前回を遙かに超える
41 名から応募があった。しかも、その過半数が社会学部以外の学生であった。
広く全学的に、こうした実践活動・学習へのニーズが存在していることが示唆
されている。

［文献］

カトリック新聞，2016a,「国内の『国際化』に対応できる人材育成を」（シリーズ
『外国につながる子ども』たち／希望への橋渡し／学校教育を考える」㊻）2016
年 6 月 26 日.

カトリック新聞，2016b,「自立に向けた人生の"伴走者"を」（シリーズ『外国につ
ながる子ども』たち／希望への橋渡し／学校教育を考える」㊽）2016 年 8 月 28
日.

明治学院大学 教養教育センター・社会学部編，2016,『もうひとつのグローバリゼー
ション──「内なる国際化」に対応した人材の育成』かんよう出版.

明治学院大学「内なる国際化」プロジェクト運営委員会，2017,「内なる国際化」に
対応した人材の育成プロジェクト・ウェブサイト〔http://internal-i18n-
meijigakuin.org/〕.

齋藤百合子，2015,「日本の大学教育における体験型学習への活用」（訳者解説），ゲ
ルモン・S. ほか，（山田一隆監訳），『社会参画する大学と市民学習──アセスメ
ントの原理と技法』学文社，207-209.

さぽうと 21，2016,『難民子弟のための夏休み集中学習支援教室実子報告書』社会福
祉法人さぽうと 21（2016 年 10 月 15 日）.

さぽうと 21，2017,「社会福祉法人さぽうと 21」ウェブサイト（2017 年 1 月 31 日取
得，http://support21.or.jp/）.

UCANews. Com，2016, "Giving children a chance to integrate in Japan,"〔http://
www.ucanews.com/news/giving-children-a-chance-to-integrate-in-japan/77136〕
（September 16, 2016）.

UCAN 天亞社中文網，2016, 教會大學給外籍孩子融入日本的機會」〔http://china.
ucanews.com/2016/09/23/% e3% 80% 90% e7% 89% b9% e7% a8% bf% e3%

第1部　プロジェクト報告

80％ 91％ e6％ 95％ 99％ e6％ 9c％ 83％ e5％ a4％ a7％ e5％ ad％ b8％ e7％ b5 ％ a6％ e5％ a4％ 96％ e7％ b1％ 8d％ e5％ ad％ a9％ e5％ ad％ 90％ e8％ 9e％ 8d％ e5％ 85％ a5％ e6％ 97％ a5％ e6％ 9c％ ac％ e7％ 9a％ 84％ e6％ a9％ 9f％ e6％ 9c％ 83／］（2016. 9. 23)

シリーズ「外国につながる子どもたち」希望への橋渡し　学校教育を考える

㊻ 国内の「国際化」に対応できる人材育成を

「外国につながる子ども」たちの学校教育を考えるシリーズ。第46回は、東京・横浜にキャンパスがある明治学院大学の「内なる国際化」プロジェクトを紹介する。日本国内では近年、外国人労働者や難民申請者、また国際結婚などが増え、多文化・多民族・多宗教が混在する「国内の国際化」が進んでいる。同大学社会学部は昨年度から、教養教育センターと社会学部の共同事業として「内なる国際化」に対応できる人材育成の取り組みを開始した。

「国際化」三つの方向性

「内なる国際化」プロジェクトを提案したのは教養教育センターの永野茂洋同代表（プロジェクト共同代表）と高桑光徳教授（プロジェクト共同事務局長）は「国際化」について①英語を使って海外で働くほか、②国内における「内なる国際化」に対応できる人材育成することなど、③年前に創立150周年を迎えた明治学院は、米国長老派宣教師J・C・ヘボン博士が開いた英語塾に始まる。ヘボン博士は名医でもあり、江戸時代末期に来日し、横浜で病院を開いて自費で治療を行い、貧しい人たちの訪問診療も行った。聖書を日本語に翻訳、日本初の和英・英和辞書を完成させたのもヘボン博士だ。

「社会学部は、こうしたヘボン博士が実践した人々への善意と「多文化共生」の工夫という意味でその精神を持つ青少年（ヘボンセンセイ第二世代）のドキュメンタリー映画「孤独なツバメたち」の上映会や、講演会を催した。

映画は、日本国籍児童・生徒は義務教育の対象外であるなど、専門職先が正規に紹介された。上映後に今年8月には実践の授業に、大学の施設を最大限に活用

また今年度のプロジェクトに関わる教授陣は13人に及ぶ。家族社会学や都市社会学など専門分野で力を発揮している教授たちは昨年から勉強会を開き、神奈川県（大和市・横浜市）の「いちょう団地」訪問や、外国籍という見学、専門家を招いての研究会など実施してきた。その成果は書籍『もうひとつのグローバリゼーション』として出版される。

初の本格的な英・英和辞書を完成させたのはヘボン博士。

さらに学生たちに関心を持ってもらうため、移住者をテーマにした映画の上映会やコンサートを定期的に推進している。6月3日にもブラジル移民をテーマとしたドキュメンタリー映画「孤独なツバメたち」の上映会を開いた。「自分たちの知らない所にこういう人たちが来たことに驚いた」「子どもたちは外国人だからと分けた日本社会でいいのか」国籍差別の問題を感じた」

国際化の実践として、社会福祉法人「さぽうと21」に協力する形で、外国につながる小中学生の自立支援を今後行う。「外国人の自立支援とともに社会を担う人材育成をも「多文化共生ラウンジ」の第1弾として2018年度から誕生する社会学部1年生を対象に「多文化共生ラウンジ・ターム」の養成もスタート。今後の計画を広げていく計画だ。

大学の施設を最大限に活用

こうした授業の他、今年8月には実践の場で多くの留学生が稽古をしている明治学院大学の合気道場。学生たちと同じ道場の一角で難民の子どもたちも稽古している

最大限に活用するこの施設や資源を考えている。社会福祉学科最前線の浅川教授（プロジェクト事務局長）が川達人教授（プロジェクト顧問を担当している合気道の道場の一角で難民の子どもたちと学生ボランティアが練習をする道場を提供している。子どもたちを迎えてくれる場所があってくれることも、大学施設などの資源を有効活用していくことも考えている」（浅川教授）

プロジェクトの一環として、社会福祉学科が中心に難民や定住外国人が本気で取り組めば「多文化共生」社会の担い手は育成できる。「多文化共生ラウンジ」の第1弾として2018年度から誕生する社会学部1年生を対象に午前9時から午後5時まで行う「外国につながる小中学生」の学習支援教室は、他学部の学生たちを送迎補助や「学習支援教室」の送迎を担当している。「学習支援教室」の送迎を担当している。「学習支援教室」の送迎を担当している。

明治学院大学の合気道場。学生たちと同じ道場の一角で難民の子どもたちも稽古している

『カトリック新聞』2016年6月26日付

シリーズ「外国につながる子どもたち」 (48)

希望への橋渡し

自立に向けた人生の伴走者を

学校教育を考える

さぽうと21主催の「難民等外国につながる小中学生のための夏休み集中学習支援教室」

進学・進路の支援

学習と理解を助ける

『カトリック新聞』2016年8月28日付

第2部

映画上映会＆トークセッション報告

第4章　日本とガーナの狭間で思うこと

矢野デイビット

はじめに

　2016年10月24日に、両親の一人が日本国籍、もう一人が別の国籍である若者たちや子どもたちの経験を描き出したドキュメンタリー映画『HAFU〜ハーフ』（2013年作品、西倉めぐみ・高木ララ監督・撮影）の上映会を明治学院大学白金キャンパスで開催しました。明治学院大学の学生たちだけでなく、広く学外からも多様な方々に多数のご参加をいただきました。この上映会に続いて、映画に登場した若者の一人、矢野デイビットさんをゲストに迎えて、ご自身のご経験をさらに詳しくお話しいただくトークセッションが開かれました。矢野さんは、ミュージシャン、タレントとして活躍される一方で、一般社団法人「Enije」代表としてガーナでの学校建設などの活動を展開しており、明星大学客員講師でもあります。そのお話には、会場の誰もが強く惹きつけられ、深く印象づけられました。映画では語られなかったその後ご活動の展開などを中心に、矢野さんのご許可を得て、当日のお話しの一部を再構成したものが本章です。その語りの世界を以下の文章でぜひ体験してください。

（野沢慎司）

矢野デイビットさんトークセッション

1　国境はつなぎ目

　皆さん、あらためましてこんにちは。デイビットです。映画を見ていただき、ありがとうございます。この映画が作られたときは、どれだけの人が興味を持ってくれるのかなとずっと思っていました。恐らく「ハーフ」といわれる人たちや、いろいろなルーツを持っている人たちだけが見る映画としてこの世を去っていくのかなと思いながら参加したのですが、本当にいろいろな方が来てくださいました。僕が2〜3年前に参加したトークショーのときは、来場者

のほとんどが日本人だったので、時代が変わり、人の価値観が前に進んでいると確信しました。それから、本当に多くの場所で話をさせていただく機会を得て、自分としてもその存在を全うできるか分かりませんが、皆さんの人生全てにおいて価値があるように、また自分の人生にもきっと何か伝える価値があるのではないかと信じて、いつもお話しをさせていただいています。

ご存じのとおり、僕の父親は日本人、母親はガーナ人です。このような会のときには、自分のもう一つのルーツであるガーナについて、できるだけご紹介するようにしています。というのは、東京のど真ん中のライブ会場で100人の方に「ガーナは南米にあるか、アフリカにあるか」というクイズを出したところ、7割の方が間違えたのです。僕は冗談のつもりだったのですが、それからはちゃんと紹介するようにしています。

ガーナは西アフリカのゴールドコースト、象牙海岸と呼ばれるところにあり、10の州に分かれています。人口は2500万～2600万人、キリスト教が70～80％で、その他にイスラム教と伝統の宗教があります。首都のアクラにはショッピングモールなど、いろいろなビルが建っており、物価は日本の新宿や渋谷にある高級な場所と同じくらいです。ところが、少し外れた場所には土の家があるなど格差が広がっています。生活の場所に違いがあることは、僕は歪んだことだとは思いません。ただ、資本主義においては、資本が1点に集中することによって物事がいびつな形になっていくことを、ガーナ中を旅した10年ほど前に感じました。

僕はいろいろな活動をしていますが、心の一番真ん中にあるのが音楽活動です。実の3兄弟である兄のマイケル、弟のサンシローとともに活動しています。弟はこの3月に無事国家試験に合格し、今は薬局で薬剤師として働いています。そして兄は元Jリーガーで、ヴィッセル神戸、清水エスパルス、それから14歳の頃にドイツのブレーメンの下部組織でもプレーしていたという実績を持ち、100mを10秒1で走るという非常に高い能力を有しています。

その3人で結成しているのがYANO BROTHERSです。僕たちは「ジャフリカン」というジャンルをつくっています。ジャパンとアフリカンの二つのルーツを積み重ね、どちらかでなければいけないのではなく、それらを全て混ぜていくということをしています。ジャフリカンという言葉には、ロック、ヒップホップ、R&B、バラード、ジャズなど全ての要素を入れるという理念があります。これは、国境やジャンルは隔てるものではなく、つなぎ目であるとい

第4章　日本とガーナの狭間で思うこと

う価値観からきており、多分、これからいろいろなことにおいて、そのように価値観が変わると僕は思っています。僕たちはこれまで何百年もの間、例えば国境のように物事を区切るという概念の中でずっと生きてきました。しかし、もう距離は関係なくなっている時代です。ですから、どれだけ有意義で発展的な価値観を持てるかが、これからはとても大事になってくると思います。国境はこれからつなぎ目になる。群衆が集まることは個性がないことではなくて、そこには無限の可能性があるという概念を持つようになる。そのように一つ一つの物事の考え方がこれから変わっていくのではないと、僕たちは思っています。

　今日のトークの内容は、日本とガーナの狭間で思うことについてです。僕としては当たり前のように生きてきた人生でしたし、大人になってから、みんなと違うところに気付くことも多くありました。しかし、やはり共通する部分も多いと思います。確かに僕はハーフとして生まれ育ってきたけれども、全ての人間が人と違うものを感じて生きているはずなのです。それを、視覚的になじむことができることによって背中に隠すことができるかどうかだけの話だと思います。真実は、人は一人一人違うということです。いつの間にか個性が尊重されない時代になって、そのことを考えなかったり、あまり見てこなかったり、自分自身と向き合ってこなかったりした時間が長かったこともありますが、全ての人が誰とも違い、誰もが孤独を感じたことがあるはずなのです。誰もが人に言えない、人と違う何かを抱えているはずだと思います。たまたま僕は小さいときからそれを隠すことができずに育ったので、この人生の中で誰よりも自分と向き合わざるを得ませんでした。大人との関係においても、子どもとの関係においても、全て自分自身と向き合わざるを得ない人生があったからこそ、逆に自分という人間を知ることができたところもあります。そこで思ったことを、今日はいろいろお話しできたらと思います。

2　「ガーナの話をしてくれ」

　いろいろなものが自分の中に入ってきて悩んでいたときに、これは社会経験が足りないからだと思い、経営者が集まるバーで働くことにしました。そして、今では信じられないのですが、20歳にして店の経営を全て任されました。仕入れなどは全て自分がやります。一番安いところを探さなければいけなくて、「今日の買い物は、あそこの方が安かったよね。経営者として失格だな」

と毎回チェックされるのです。1日の売上も全部計算させられるし、1日の最低限の売上として必要なものは何かということなども全部たたき込まれます。お店を締めるのも全部一人でやらされます。それなのに時給は650円です。本当にいい経験でした。

あるとき、閉店10分前に蝶ネクタイをしたおじさんが来ました。不思議な眼鏡を掛けた風変わりな経営者で、既に酔っ払っていたのですが、「1杯飲ませてくれよ」と閉店間近にやってきたのです。悩んだ結果、その日の売上が悪かったので「何がお好きですか」一応聞いてみると、「スコッチウイスキーを、ここで最後に1杯飲みたいんだ」と言いました。うちのお店はスコッチウイスキーが売りのバーでした。いろいろな種類があるのですが、スコッチウイスキーは単価が非常に高いので、ただお酒を注ぐだけで1500円から3000円取れるのです。これはいけると思って、どんどん飲ませました。僕も日本語を話すので、相手からすると、こいつはなぜ日本語を話せるのだという感じになります。酔っ払っているから、余計に衝撃が大きいのです。ただ、残念ながら20歳そこそこの人の人生の物語なんて、30分で飽きてしまいます。彼は酔っ払いながら、「そういえば日本とガーナのハーフだったな。ガーナの話をしてくれ」と言ったのです。

僕は迷うこともなく、「僕は日本でずっと育ってガーナの記憶がないので、ガーナのことなど全然分かりません。それでも僕は先日、こんな経験をしたのです」と返しました。すると彼は真顔になって、「ガーナのことを分からない、ガーナで育っていないと言うけれど、君のお母さんはガーナ人なのだろう。それは言い訳だよ。自分のもう一つのルーツのことを知らないということは、自分のお母さんのルーツを尊敬していないね。お母さんのルーツに対してリスペクトがないよ」と突然怒ったのです。普通はそこで「何を言っているのだ、このおじさんは」となるのでしょう。しかし、自分のもう一つのルーツであるガーナとの関わりが、母がガーナに帰ったことで終わってしまったのではないかという思いがずっと続いていたので、このときになぜか「帰らなきゃ」と思いました。

3週間後、僕はガーナの土を踏んでいました。初めてガーナに帰ったのですが、カルチャーショックの連続で、衝撃だらけでした。行く前は楽観していました。6歳のときにガーナから日本に移住して以来、全く違う文化に触れてきました。小学校4年生になるまでに、7回も学校を転々としました。高校では

体育会系のサッカー部でばりばり走らされたり、この世界はこんなに理不尽なのかと思うぐらいに上下関係をたたき込まれたりして、もう怖いものなしだと思っていたのです。しかし、僕にはガーナを受け入れられるハートと柔軟性がありませんでした。ショックでしたが、そのときに一つの文化で全てを知ることは不可能だということに気付いたのです。一つの文化の中でどんなにつらい思いをしても、それが他の文化と対峙するのに必要な免疫とは限らないということを知ったのです。

体育会系という日本古来の文化は、日本で生きることにおいては役に立ちますが、全く違う文化では逆にあだとなります。僕は今、プロジェクトマネジメントの勉強をしているのですが、その中で一番心に響いたのが不確実性への耐性という言葉です。要するに、どうなるか分からない状態に対応することがとても大事だということです。体育会系は、1年生は1時間45分前に集合するなどと全て決まっていますが、一方でガーナは全く何も決まっていません。ガーナは人が平気で2～3時間遅れてきます。日本は5分でも遅れたら「ごめん、遅れちゃって。本当に申し訳ない」「何を言っているんだ、遅いな、おまえ」となりますが、ガーナでは「デイビット、おっす」「おまえ、2時間遅れているぞ」「問題ない」「とりあえず行こう」という感じです。ありとあらゆる概念が違うので、最初は「こいつら、本当にしょうもないな。人として駄目だ」とずっと思っていました。常識も人の価値観も全然違うことに、僕は全く対応できていなかったのです。ずっとイライラしたまま1回目のガーナへの渡航は終わりました。

3 「ガーナのルールに従う以外に選択肢はない」

それで、もうガーナには行かないと思っていたのですが、3年後のある日、突然ハーフの友達2人が、ガーナに連れていってほしいと言ってきたのです。当時は非常に貧乏で、とてもではないけれどもガーナに行ける状態ではありませんでした。断ろうと思っていたら、幸運なことにガーナでの仕事の話を受けて突然ガーナへ行けることになったのです。そして3人でガーナに行きました。このとき初めてガーナ中を旅したのですが、この旅で僕は、価値観が違うことは当たり前であり、それをしっかりと認識することが大事だと思いました。そのきっかけを一つだけお話しします。

僕たちはガーナの最北端に行きました。ワニを見るためだけに、バスで16

第 2 部　映画上映会＆トークセッション報告

時間かけて行ったのです。そこからは、当時はタクシーが少なかったので、普通の車を持っている人と交渉して、お金を払って目的地に連れていってもらうことにしました。僕たちはもう一つの目的でもあったトンガヒルズを目指していました。そこから見る夕日や朝日は超絶景で、それを見たら人生が変わるといわれています。夕方のちょうどいい時間に着くように出発したのですが、運転手が自分の仕事をしはじめて全然着けなくなり、しまいにはサバンナのど真ん中で車が大破してしまいました。彼はぐいっと曲がったタイヤをペンチで直そうとするのですが、直るわけがありません。そして、僕たちのところへ来て「俺のせいじゃない」と言うのです。

　いろいろなことがあり過ぎて、僕たちもそんなことは許容範囲になっていました。「まあいいよ、今日は星空がよく見えるんじゃないの」と思って待っていたら、30 分ほどして運転手が「ここから 1 時間ぐらい歩いたところに 1 軒だけ電話線を引いている家があるはずだ。そこに行って、車を持っている親戚に電話をかけてくる」と言いました。どうせ帰ってこないだろうから、今日はここで野宿だと思って休んでいたら、夜 8 時過ぎにガーナ人 2 人が乗った車が来ました。僕は 2 回目のガーナだということもあり、何が起きるか分かっていましたので、急いで彼らのところへ行って「2000 円で帰らせて」と言ったのです。すると、「おまえ、話が分かってるじゃん。いいよ」と言われました。

　ところが、それをハーフの友達が聞いてしまったのです。僕らの限りある貴重な 1 日を運転手が仕事に費やした揚げ句、サバンナのど真ん中で車を壊して、僕らの命にまで危機が迫っている。日本の概念からしたら、なぜそんな状況で、既にお金を払っているのにさらに 2000 円払わなければいけないのか。友達も慣れているとはいえ半ギレ状態です。2 人のガーナ人と 2 人の日本人とのけんかが始まりました。サバンナのど真ん中で夜 9 時に、身長 2 ｍ と 195 cm のごついガーナの男と、180 cm ぐらいのマッチ棒みたいな男と 150cm の女がけんかをしているのです。これはまずいぞと思いましたが、もう火がついてしまっています。一人は片手に 1 ｍ ぐらいのペンチを持っていて、殺されるかもしれないと思いました。しかし、よく見ると彼らは全く手を上げる気配もなく、自分たちの価値観について話していたのです。

　彼らのうち一人は、たまたま 3 カ月前まで 1 年間、ドイツで出稼ぎをしていたそうです。「俺は 1 年前、ドイツに行った。遅刻して、仕事を 3 日で首になった。次の仕事を 3 カ月後に見つけたが、3 週間目に何度か連続で遅刻して首

58

になったよ。そのときに学んだのが、郷に入れば郷に従えということだ。ドイツでは遅刻は許されない。何で時間どおりに行かなければいけないか分からないけれども、そういうルールだから、そのルールに従ったんだよ。それからは気に入られて重宝されて、お金をたくさんもらって、今、ガーナに帰ってきた。僕たちは何も君たちからお金を取ろうとしているわけじゃないし、サバンナに君たちを置きっ放しにしたいわけじゃない。だけど、考えてみろよ。この町に来て何日目か知らないけれど、ここに仕事をしていそうな男子はいたか。あるのは草原と家が数軒。タクシーもないだろう。ここまで来るとわかると思うけれど、このへん一帯は仕事がないんだよ。俺たちはおまえたちを助けに来た。うちの親戚が悪いことをして申し訳ない、乗せていってやる。だけど、帰りのガソリン代が今月俺を苦しめることになるから、ガソリン代と壊れた車の一部の資金ということで2000円をくれという話なわけよ。俺が何か変なことを言ったか。日本のルールは分かったし、勉強になった。でも、今、君たちは日本ではなくガーナにいるのだから、ガーナのルールに従う以外に選択肢はないだろう。ここでは君たちの考えは当たり前ではないのだよ。主流ではないのだから」と言っているのを聞いて、僕はそのとおりだと思いました。

　2人のハーフの友達も何も言えなくなってしまったのですが、怒りは収まりません。そして言葉にはしないけれど、やはり「僕らは間違っていない」ということなのです。でも自分たちの言い分は通じないのです。揚げ句の果てに友人2人は、「歩いて帰る」と言い出しました。1km置きにしか街灯がないサバンナのど真ん中を歩いて帰るなど自爆行為です。彼らが100mほど離れるあたりまで「ガーナに連れてきているのは僕だ。君たちの命を預かっている身だ。頼むから戻ってきてくれ」と大声で言い続けたのですが、全然戻ってきません。ガーナ人に「頼むから車で帰してくれ」と頼んだら、「おまえら、本当に腹が立つから絶対に帰さねえ」と言われました。「分かった、3000円でどうだ」と言ったら、「よし、連れて帰ってやる」と言われました。あとは彼らを連れて帰るしかありません。もう時間もないし、彼らとはぐれたくないので、なぜこんなことを言ったのか分からないのですが、「僕が払うから帰ってきてくれ」と言っていました。すると彼らは帰ってきたのです。3000円で命を懸ける気かと思いましたが、それで一緒に帰ることができました。

　この話には学ぶべきことがたくさんあると思います。僕たちは経済的に優れていることをどこかで信じています。しかし、経済的に優れていることが、果

たして本当に人として優れていることにつながるか、そして正しいことなのか、というと、一概にそうではありません。僕たちはあくまでもいい経済をつくるために必要な考え方や概念、癖を学んだに過ぎないのです。世界にはいろいろな概念や考え方があります。そして映画の中でもありましたが、最近は日本で年間3万人が自殺していて、これから20年以上は2万人台後半の自殺者が出ると言われています。人間の命とは何でしょうか。この一度しかない人生とは何でしょうか。それは死ぬほど働き詰めることですか。僕もかなり働いていますが、それは自分にやりたいことがあるからです。そのために闘って、それを叶えるために確かに生きています。しかし、本当の人間らしさとは何か、自分が望んでいるとおりに動けない、あるいは生きていけないのは本当にいいことかと思ってしまうのです。それを知るためには、違う文化に触れるしかありません。日本の中で生きていれば当たり前のことも、世界に出ればおかしいと言われます。日本と違う概念を学ぶためには、その違う概念が当たり前だったり、その概念に価値を見いだしたりしている文化のある場所に行かなければいけないのです。いろいろな文化に触れることは、非常に大事だということです。

　ちなみに翌朝、僕たちと運転手は帰りの車の中で仲良くなりました。「おまえら、トンガヒルズに行きたかったのか。明日の朝、連れていってやるよ。2時でいいか」。今から4時間後なのだけれどと思いながら、「おまえ、遅刻するだろう」と言ったら、「大丈夫だ」と言って本当に2時に来てくれました。着いたらたまたま祭りをやっていて、違う星に来たかと思うほど大変神秘的でした。しかし、目の前にトンガヒルズもあるので、究極の選択でトンガヒルズに登ることにしました。頂上に着いて、まさに朝日が昇りはじめているときに、「せーの、トンガヒルズ！」と同時に振り返ると、どこにでもある景色が広がっていたのです。この本を書いた人をいつか訴えてやると思いながら急いで戻って、祭りで盛り上がりました。

4　日本人だと認めてもらわなくていい

　違う文化に触れることはとても大事です。僕もガーナに行ってたくさん学びました。6歳で日本に来た僕は、ある意味、日本で生まれ育った皆さんと同じ感覚でガーナに行きました。ただ違うのは、自分の親族がガーナにいることです。高校のとき、サッカーの試合で対戦校に行くと「あのチーム、外人がいる

じゃん。ずるいな」「あいつ、足は速いのかな」と言われていました。全国大会に行くようなチームで、手を上げればそれで終わりです。監督が怖くて手を上げることはできなかったのですが、心の中には闘争心がありました。そんな僕を支えていたのは、いつかガーナに行ったときに当たり前のように接してもらえる、外国人ではなくて同じ国の民として接してもらえるという考えです。それが僕のもう一つの支えでした。夢でした。いつかその日が来ることを願って、今を頑張ろうと思っていたのです。

ところが、僕はガーナに行っても外国人だったのです。タクシーに乗っていると、すごいスピードで走っているはずなのに、みんな見てくるのです。「何でみんな僕のことを見ているの」と運転手に聞くと、「ばかか、おまえ。どう見ても外人だろう」という答えが返ってきました。「だって俺、この色だよ」「いやいや、おまえは違う」と言うのです。陽気な国なので「まあ、いいじゃねえか」と言うのですが、彼らとは違う存在であるということを知ってしまったのです。

僕は、「そうか、ガーナでも僕は彼らと違う存在なのだ」と、大きな衝撃を受けました。日本では外国人として扱われて、ガーナでも違うものとして見られてしまったことに、僕は泣きたくなりました。そのことをずっと考えていたら、帰りの空港に向かうときに母が僕をハグして「デイビット、ガーナに来てくれてありがとう。あなたもいろいろなことがあると思うけど、私はいつもあなたのそばにいるからね」と言ってくれたのです。母とは結構けんかをしました。失礼なことをしたり、怒らせたりしたのに、なぜこんなに優しくしてくれるのだろうと思いました。そのときに、今までの人生の中で自分にとてもよくしてくれた人、悲しくて泣きたいときや物事がうまくいってうれしいとき、その全てにおいて自分のことのように感情や思い、立場、経験をシェアしてくれた人たちのことを思い出したのです。

そして、心が温かくなるとともに一つ気付いたのです。なぜ僕は日本人であることにこだわろうとしたのだろう。なぜガーナ人として受け入れてもらおうと思ったのだろう。そもそも、なぜ自分はなに人であるという概念に当てはまらなければいけないのだろうと。システム的にそういうことが必要なのかもしれませんが、自分がなに人であると定義付けることが正しいのかどうかを初めて疑ったのです。すると、これまではすごく不安で自信がなくてずっと下を向いて歩いていたり、他人のことを「こいつもきっと俺のことをこう思っている

のだろうな。絶対にいつか見返してやる」と思いながら生きてきていたのに、そういった感情がどんどん消えていったのです。そして、自分の中で新しい何かが芽生えるのを感じて、これは何だろうと飛行機の中でずっとその思いと向き合っていました。

　そうして自分が辿りついたところは、日本人から日本人だと認めてもらわなくてもいい、ガーナ人からガーナ人だと認めてもらわなくてもいいということです。一人の人間として、この地球という星に生きる一つの命として、自分をこれから育てようと思ったのです。それ以降は、「外人だな」とか、「おまえはガーナ人じゃない」とか、何を言われても全く気にしなくなりました。僕はその路線から外れたのです。とてもシンプルなことなのに、ハーフの人たちやマルチなカルチャーを背負っている多くの人たちは、このことだけで悩んでいます。そんなことで悩んでいてはいけないのです。世の中には、あらゆる文化や宗教、生活環境があり、僕は自分の育った環境に行けば心がとても温かくなります。それはそれでいいと思うのですが、一人の人間としてどう生きるかということは、これから常に戦い、想像し、チャレンジしながらつくっていくものだと思うのです。自分はなに人だからということばかり気にしてしまっては、恐らく多くの大切な本質を失うことになるでしょう。僕はその日から、自分は一人の人間として、一つの命、意思としてどうあるべきか、どうしたいのかを常に考えるようになりました。

　解放されて、僕は自由になりました。僕のように、見た目は日本人ではないけれども日本語をぺらぺら話す人とたまに会うことがあります。最初は意外に思いますが、一瞬にして自分の興味はその人の心の中や思考に向かっているのです。それはとても大事なことだと思います。20歳のころ、バーで働いていたときに、イギリスに留学して向こうの外資系企業で働き、これから日本で勤めるという日本人がやってきました。ばりばりのブリティッシュ・イングリッシュで、ブリティッシュの文化にはこういう良さがある、やはりこれしかないと、その素晴らしさを延々と語っているのです。ちょうどアメリカ人のお客さんも飲んでいたのですが、なぜかみんな引いて、「君さ、もっと日本のことを話してもいいんじゃないかな」と言っていました。僕も、もしこの人が国際人として評価されるならば、この世界は終わりだと思いました。文化に関わる必要はないけれど、国際人とは何なのかなと考えさせられました。

　またあるとき、同学年の友達が留学して、1年後に帰ってきました。「どう

だった。いろいろ話はできた？」「面白かったよ」「でも、英語は話せなかったじゃん」「今でも上手に話せるわけではないけど、ある程度話せるようにはなった。というより色々と助かったよ」と言うので、何が助かったのかと聞くと、彼は「自分の田舎は日本古来の文化をすごく大事にしているのだけど、あっちに行ったら、みんな日本のことを聞きたがるんだよね。おばあちゃんにずっと育てられたこともあって、日本のしつけや生活範囲における文化を叩き込まれた。あっちに行ってその知識や経験が大きな役に立った。ふとした会話から深い会話や長い会話になり、たくさん友達ができた。今まで学ぶ必要ないことかと思っていたが、自分がどういう文化の下に生まれ、どういう場所で育ったか、自分という存在や育った環境、文化を知ることが実は世界への入り口だったんだ」と言ったのです。深く考えさせられました。そういうことがあって、僕は20歳のとき、国際化とは何かということが問われている時代に、そういうことをすごく考えたのです。これ以上は言いません。あとは皆さんがそれぞれ想像して、この問いに答えてください。

5　ある少年との出会い

　映画の中にも出てきましたが、ある少年と出会ったことが、僕がこのような活動をするきっかけになりました。僕はパーティーが大好きで、20代前半は週の半分ほどは夜のクラブに遊びに行っていました。仲間と飲み歩き、くだらない話をしながら六本木から渋谷まで歩いて、160円の電車賃を節約できたと言っているような生活です。その前にまずクラブに行くのをやめろと今なら言えますが、残念ながらタイムマシンがないので、そんなことは言えません。

　ところが、ハーフの友達2人と一緒にガーナに行ったときのことです。友達は1カ月で帰りましたが、僕は2カ月滞在しました。ガーナ人の友達もできて、やっとガーナ人としての生活が送れると思っていたときに、おしゃれなレストランで食事をしていたら後ろから少年が声を掛けてきました。それに対して僕は、「お金はあげないから、あっちに行きなさい」とずっと言っていたのですが、しつこかったので面と向かってしっかり言わないといけないなと思い、「あげないぞ！」と強く言って、初めて少年の顔を見ました。すると、そのときの彼の顔が幼少期の自分にそっくりだったのです。その瞬間、自分の人生の全てがフラッシュバックしてきました。

　自分に一番衝撃を与えたのが、小学生のころ、僕が中学生にいじめられ殴ら

れていたときに、通りかかったある先生が見て見ぬふりをして行ってしまった
ことです。そのとき僕の心に生まれたのは、絶対にあんな大人にはならないぞ
という思いです。もし自分に決定権があり、誰かを助ける力があれば、僕は絶
対にそんなことはしない。先生はこのけんかを終わらせることができたはずな
のに、それを放棄した。僕はそんな大人にはならない。そう思ってずっと生き
ていました。

　僕も 20 歳になり、自分で仕事をしてお金を手に入れて、楽しいことを覚え
て、友達と遊ぶようになってから、自分の人生において大事なことを忘れてい
たのです。自分はどこから来て、何を大切に思い、どういう人間として生きて
いきたいと魂は思っていたのか。少年と出会ったことによって、その記憶がフ
ラッシュバックして自分に突き刺さりました。そして、あのとき自分が思って
いたことを、今、問われる側になったということに気付いたのです。

　一緒に食べていた友達は僕が急に静かになったことを気にかけて声をかけて
くれました。「そんな暗い顔をするな。大丈夫だ。ここは治安が悪い。おいし
いレストランがあるけれど、ここがなければ誰も来ないぐらいだ。ああいう子
どもはここじゃ当たり前だよ。あそこの通りを 200 m ぐらい歩いてみろ。あ
んな子どもは何人もいるよ。おまえのせいじゃない、気にするなよ。それよ
り、このおいしいごはんを、豊かな時間を楽しもうぜ」と言われました。気を
遣ってくれたのは分かっています。だから、僕もどう振る舞うか迷いました。
しかし、そこは妥協できませんでした。いや、違う。もしこの子を僕がここで
見捨てたら、あのときの自分を裏切ることになる。ここだけは絶対に引き下が
るわけにはいかない。遊びほうけていて、NGO のことも社会活動のことも何
も知らなかった僕が、貧しい子どもたちや力のない者を引き上げる人間になり
たいと、そのとき思ったのです。

　僕はそう決意して日本に帰ってきて、いつもパーティーをしている仲間を集
めました。みんないつもどおり楽しそうに飲んでいましたが、1 時間ぐらいし
て僕はみんなに大きな声で言いました。「ちょっと話を聞いてくれ。実は、今
回ガーナに行ってこういう経験をした。自分に何ができるか分からないけれ
ど、何かしたいと思ったんだ。自分はそういう経験はないし、頭がいい方では
ない。だから、みんなの知恵を貸してほしい」。そう言うと、今までただ遊ん
でいた仲間たちが全員、本気になって僕のことを考えてくれていたのです。そ
して、「デイビット、おまえは普通の NGO みたいに堅苦しいことなんて絶対

にできないから、キャラクター的なことも含めて、楽しんだ対価がチャリティにつながる何かがうまくできれば、成功するかもしれない」と言ってくれたのです。それなら自分にもできる気がしました。僕の運営している Enije という団体の理念は、そのときに生まれたのです。

　僕は何も経験がなかったし、何も分からなかった。けれども、思いはありました。多分、皆さんは今、ちょうど社会を知っているような、知らないような、そんな年代かもしれません。その中で、いろいろな知識を肉として付けることによって何とか安心したいという気持ちも分かります。しかし、この若いときに本当に一番大事なのは、自分の情熱と、自分の心が求めていることを理解することです。勉強は絶対に怠ってはいけません。僕は今でも勉強しています。誰よりも劣っているので、その分、努力しなければいけないと思っているからです。

　全てにおいて大事なのは、スタートするときの気持ちです。そのときに余計なことを学習したり、変な癖をつけたり、取りあえずの知識でごまかそうと思ったりしたら、そこから逃れられなくなります。最初からうまくいくと、後で裏切られることが多いです。スタートしたときのことをふと思い出したときに、情熱や炎が芽生えるような思いを持つことがとても大事で、それがあれば大丈夫です。なぜなら、どうせ努力しなければいけないからです。努力するためにはエネルギーが必要です。

　そして、何かをやり続けていけば、必ず信じられないような失敗をします。失敗の上に、さらにきつい失敗をします。この世の中は、自分が想像する以上につらいことが何度も理不尽に降りかかってきます。そのときに自分に与えられる選択肢は、また立ち上がることしかありません。立ち上がるには、2年かかるかもしれないし、5年かかるかもしれない。あるいは平気で10年かかることもあります。けれども、それを助けてくれるのはスタートしたときの情熱や、その情熱を持つことによって出会った仲間たちです。真実の仲間たちが必ず自分を支えてくれます。逆にそれしかありません。

　だから、今だからこそ、始まりのときの本当の心の思いを大事にしてほしいのです。情熱から生まれる爆発は、この世の中にいるどの大人も勝つことができません。それは自分の中の爆発や情熱だから。そのときに初めて若さは経験に勝ると思います。やはり経験を積んだ大人は、皆さんが生きていく中で手強い敵になることも多いでしょう。しかし、新しい時代をつくるため、あるいは

自分が信じていることを世の中に広めるためには、経験を持つ人間たちに勝たなければいけません。そのときの唯一の武器は情熱です。歳を重ねれば重ねるほど、情熱の炎はどんどん弱くなっていきます。人は、情熱がどれほど大事で、どのようなものかを忘れてしまうのです。しかし、今、皆さんはその情熱のすぐそばに生きています。情熱をずっと持ち続けて、そこから常に物事をスタートさせれば必ず経験を越えることができます。そして、情熱を忘れていない大人たちがきっと助けてくれます。それが、僕がまだまだ短い人生の中で学んだ非常に大切なことです。失敗することを恐れない。知識がないことを恐れない。大企業の偉い人に会っても全く動じない。それはそれですごいことですが、情熱からスタートしていれば、自分にも価値があるということを今は信じられるからです。

6　ガーナに学校をつくる

　そうしてガーナの活動が始まったわけですが、1～2年前までNGOのことを勉強したこともなかったのに、本当に信じられないことに学校ができてしまいました。思いと誠実さと素直な気持ちがあれば、経験を凌駕することができるのです。この世の中には常識を覆す情熱、そして信じる力があると思います。確かにそれは経験しなければ分かりません。僕もそれがあったらいいとは思っていたかもしれないけれども、経験したくて経験したわけではないし、そんなことを考えたこともありませんでした。でも、たまたま自分の人生でそれを経験することができて、それが確実に身に付いているから、すごく伝えたいと思うのです。

　僕たちは中学校をつくっています。3学年が完成して、今、子どもたちが通っていますが、本当に大事なことは何だろうかと、ここでまた初心に戻りました。なぜ最初の情熱が大事なのかというと、もう一つ理由があります。人間は、始まりに帰らなければいけないときが、何度も、何度も、何度も来ます。そのときに情熱や真っすぐな思いがあれば、それが自分に本質を見るきっかけを与えてくれるのです。本質がなければいつか衰えてしまいますし、物事が違う方向に行ってしまうと思います。

　僕は学校をつくる中で、学校をつくることが本当に正解なのだろうかと思いました。子どもたちにどんなにいい学校を与えても、彼らの未来が開くことはありません。大事なのは、彼らが通う学校の中身に価値があるかどうか、そし

て、そのために先生たちのスキルを上げられるかどうかです。学校の先生たちがスキルを上げることによって、学校に通う子どもたちの未来や可能性が広がることが大事だったのです。

　僕もそれを目指そうと思ったのですが、みんなは無理だと言っていました。それはそうです。僕たちは貧困層向けの学校環境を整えることから始めて、公立の学校をつくっています。公立の学校は国が管理しているものですから、そこの教育を僕たちが変えることはできません。でも、何か方法はないかと考えて、運動会を始めました。映画の中でも言いましたが、運動会は地域の人との密接な関係づくりには本当に大事なことです。多くのNGOの人たちが学校づくりということを掲げています。学校をつくると言えばお金が集まりやすいと思いますが、残念ながらそれだけで終わってしまうと本質が欠けてしまうのです。僕たちはその中身を変えたいと思ったし、もっと地域の人たちと一緒に活動していきたいと思いました。

　また、自分のもう一つのルーツがガーナだったこともあり、ガーナの人たちの意思と力と自発的な思いでこのプロジェクトを躍動させてほしいと思っていました。自分たちはあくまでもきっかけに過ぎないので、現地の人たちに情熱や思いなどいろいろな気付きを与えることを一番大事にしたいと思ってやっています。運動会を開催することで、先生たちが協力し合い、関わりがどんどん強くなります。地域の人たちが遊びに来るので、こういう団体があるということを知ってもらえるし、子どもたちとも仲良くなれます。そうすると、その村や町、地域で抱えている問題が自然と出てくるのです。

　あるとき、現地の先生が僕のところに来て、「教育のプログラムを取り入れて、教育改革がしたいと言っていたよね。可能性があるぞ」と言ってきました。「でも、公立は国がやっているのでしょう」「実は1年に1回ぐらい、各地域でガーナの文科省が主催しているスポーツ大会があるんだ。今度うちの地域でもあるんだけど、もし君がそこでスポーツ用品を提供してくれれば、恐らく文科省はコラボしたいと思うはずだ。そうすれば君は文科省とのつながりができて、それがきっかけで、いつかもしかしたら教育を改革できるようになるかもしれない」と教えてくれたのです。恐らくガーナで生活している日本人のほとんどは、このようなことがあるとは知らなかったと思います。こうして現地の情報がどんどん集まるようになり、実際に文科省とコラボしたところ、例えばここが港区だとすると、港区の文科省の一番偉い人とつながり、その人が港

区長へとつなげてくれたのです。

そして、この9月には港区長が州知事を紹介してくれて、今はSports for Tomorrow という活動に関わらせてもらっています。100カ国1000万人にスポーツの素晴らしさを伝えるという活動ですが、いろいろな大企業からスポーツ用品をもらい、1000人規模のスポーツ大会に関われるようになって、文科省とのパイプがどんどん太くなってきています。区長と州知事とは、これからどういう流れで教育を変えていくか、どうしたらもっと良い教育ができるかを話し合っていこうということになっています。

ガーナでは、地域によっては学校を卒業した子どもたちの99%が農業に従事します。そういう場所で彼らにどれだけ国語や算数や社会を教えても、その後の人生ではそれほど関わりがないのです。一方、世界ではフェアトレードなどが言われていますが、大人になってからフェアトレードを知るには、それなりの学力がなければいけません。そこで、フェアトレードや、その地域で採れる農作物のより良い育て方、それをビジネスにつなげるために必要なことを、小学校や中学校から教えてはどうかという話をしています。区長には大変好評で、今、日本とガーナにおいて農業のスペシャリストを探しているところです。

できるかどうかは分かりません。周りの人も「君は半分ガーナ人だけど、あくまで日本の団体に所属しているのだろう。誰が君みたいな人や団体にガーナの教育を委ねるのだ」と言います。しかし、僕はそれをやりたいと思いました。それしか子どもたちの未来を開くことができないと思ったからです。それを思い続けたら、不思議なことに実現していったということです。何度も言いますが、僕は頭も全然良くないし、あまり考えて行動しません。でも、こうしたいと思えば、とにかくアリのように歩きます。ばらばらとやると、何かが生まれます。しかし、多分それは全て始まりの情熱だと思っています。

日本では、昨年から味の素スタジアムでフットサル大会を開催しています。昨年は54チーム、今年は57チームが参加し、来年こそは何とか80チーム集めたいと思っているところです。ただ、いきなり味スタとなると、みんななかなか来ないことが分かったので、12月4日にフットサルコート品川で30〜40チームを集めたフットサル大会を開催します。よろしければ、いろいろなチームを紹介してください。

僕たちの団体は、一般的なNGOの寄付金が1割、あとの9割は自分たちで

イベントを行った収益を使って活動しています。ガーナでの活動の理念は、支援は人を駄目にする、支援は自尊心を育てるものでなければならないということです。例えば、お米を数十トン支援すると、その国の人は働かなくなることがあります。彼らは、働くのは面倒臭いし、働きたいわけではない。けれども、自分たちがつらいと言えばお米がこれでもかというほど来ると学ぶのです。果たしてそれが本当の支援と言えるのでしょうか。僕はそのことに対してずっと疑問を持っていました。

　僕たちは、この活動が、まずは大人たちが自身の尊厳を勝ち取り、自尊心を育てるきっかけになればと思っています。大人たちが自分たちの人生に誇りを持てば、それを見た子どもたちは、あんな大人になりたいと思うのです。このような活動は子どもたちの未来を切り開いていくものではあるけれども、そのためには子どもたちを支える大人たちも一緒に成長していかなければいけません。そして何より大事なのは、現地の人たちが育つことです。そのためには、まずは僕たちが自分たちの価値観や概念を変えなければいけません。ただ僕たちが「お金をください」と言うだけの活動になってしまっては、現地の人たちに伝えられることがなくなってしまうと思っています。

　普通は味スタなど借りません。リスクが高いし、40人ぐらいのスタッフのうちサッカー経験者は2人しかいないので、運営できるわけがないからです。しかし、僕たちはチャレンジします。言い出したからには実現者にならなければいけないという思想で生きているので、無謀とも思えることにチャレンジして成功を収め、その自信を持ってガーナに行き、そこで得た考え方やものの見方をガーナとシェアして、日本とガーナでともに自尊心を育てていくことを目的としています。

7　野望は地球大運動会

　僕が今、抱いている野望は、地球大運動会を開くことです。この運動会は全員参加型です。皆さんの心を必ず豊かにしてくれます。皆さんは、僕が話すことに何かしらの価値や意味があると思って来てくださっていると思います。ただ、本当に豊かな価値観を持っている登壇者がいたとしても、その会に顔を出すのは、残念ながら意識の高い人たちだけです。従って、国を挙げて一般レベルの価値観を上げ、多様な社会を実現するための心の準備をするには、興味のない多くの人たちを巻き込まなければいけないのです。そこで僕は、障害があ

第2部　映画上映会＆トークセッション報告

る人、ない人、いろいろなルーツを持っている人、全てが参加できる運動会を考案しています。オリンピックに向けて、多様な人種、個性が関わる交差点として実現したいのです。社会問題や国際問題に全く関心のない人たちも「何か面白そうだ」と思って来てくれれば、そこに関わることで価値観が広がります。そういう仕組みをつくろうとしているのです。

　地球大運動会に参加した人は、次の日、電車の中で車いすの人や目が見えない人に会ったときに、昨日より気軽に「どこまで行きますか、よかったら案内しますよ」と声を掛けることができるかもしれません。そういう社会は、障害がある人と関わることなくしては生まれません。世の中が多様化する中で、なぜ小学校や中学校、高等学校には特別学級があるのでしょうか。一緒に生活したり、学んだりすることができないのに、大人になってから障害のある人を差別してはいけないと言われても、それは難しい話です。それならば、そういう人たちと楽しみながら関われる場所をつくればいいのです。最初はきちんと話すことができないかもしれないけれど、きっと関わったことに価値があると思っています。夢は大きくと言いますが、僕はオリンピックイヤーにはどこかの大きな競技場を借りて、国民のための運動会のような、オリンピック顔負けのイベントを開催するという大きな夢を抱いています。皆さんがいるから、きっと実現するでしょう。

　なぜ僕がこのような活動をしているのかと聞かれると、僕は理由などを考えずに生きていますから、答えるのは非常に難しいです。しかし、今日は最後に皆さんにお届けしたいことがあります。毎年、日本人を2～3人連れてガーナの学校で子どもたちに関わらせています。ガーナの小さな村の子どもたちは、その中で日本人を知り、いい仲間ができています。時代は過ぎ、2011年に東日本大震災がありました。僕は、2～3年ほどはこのプロジェクトが止まる、申し訳ないけれどもしばらく活動ができないということを、ガーナへ行く団体のスタッフに伝えに行ってもらいました。

　震災で多くの家がなくなってしまった。シェルターもないし、飲む水も電気もない。食料も行き届いていない。そして、まだ寒い。雪が降っている場所がある。そうした被災地の状況を知ったガーナの子どもたちは、全員泣いてしまったのです。僕自身、このような活動をしていく中で、まさかこんなことになるとは思いませんでした。今、時代はどちらかというと内向きになっていると思います。違う文化を持つ者同士は関わり合えない。やはりみんなグローバリ

70

ズムからローカリズムに戻っていかなければならない。世界を見ても、今はそういう向きにあると思います。

　でも、ここで最初の話に戻りたいのです。国境は壁だと思うか、つなぎ目だと思うかという話をしました。日本とガーナは1万2000km以上離れています。しかし、ガーナの子どもたちにとって、日本の仲間たち、日本の兄弟姉妹のみんなが命を落としたり、苦しんだりしていることは、もはや他人事ではないのです。彼らは既に、世界がこうなったらいいのになという概念や価値観を心の中に持ち、その中で生きています。確かに今はローカリズムの時代が来ているのかもしれないけれども、その考え方を変えれば、僕らはそれを乗り越えていくことができると、僕は時代の価値観に逆行して考えています。彼らはそれを体現していると思います。もしも本当にいろいろな人たちが関わり合っていけば、僕たちは同じ存在だということに気付くし、仲間や兄弟になれば争いごとも減っていくでしょう。そういう意味でも、僕はもっとこういう活動をしていかなければならないし、これをもっと広げたいと思っています。

　今、時代は少しデリケートな方に向かっていますが、ここで「やはりそうなのだ」と思ってほしくないのです。確かにそうかもしれないけれど、それでもなお、僕たち一人一人がもっと明るい未来を次の世代に残すのだという情熱と責任を持って歩んでいけば、時代は変わると思います。将来の子どもたちや新しい命のために価値観という種を植えていくには、20年も30年もかかります。その種は目に見えないし、正しいかどうかも分かりません。でも、それを信じてやらなければいけないと思います。彼らが大人になったときに、「昔はそんな時代だったのか」と思えたら、僕たちの取り組みは成功だと思います。

　皆さんが先人たちの話を聞いて「昔はそんなことがあったのか」と思うことは多いと思います。先人たちが、世の中はこうあるべきだ、こうであれば人は才能を開花して幸せになれるとその時代に信じ、その価値をみんなに広めていったから、今、僕たちはより生きやすい世界にいるのです。実際に昔と比べてみると、今の世界は素晴らしいです。しかし、僕たちはもっと素晴らしい世界があることを知っています。そのもっと素晴らしい世界を信じてアクションを起こし、挑戦し、少しでも実現していくことによって、30年後に生きる人たちが「昔は嫌だね、その時代にいなくてよかったね」と思うかもしれません。今の時代にも幸せはあるし、30年前、50年前の時代にも、今は失われてしまった幸せがあると思います。でも、僕たちはもっと豊かなものも生む可能性を

持っています。内なる国際化や人としての生き方をつくっていくには、まず一人一人がそれを変える能力と可能性を持っていることを信じることが大事だと思います。

僕は何も考えずに生きているだけですが、皆さんからしたら、何かアクションをしている人だと思われているかもしれません。しかし、全てはみんな同じところから始まります。そして、ここにいる全員が30年後、新しい時代をつくるための大義を持っていると思います。大義といっても、それほど難しいことではありません。世の中がこうだったらいいなと思う勇気が必要なのです。一人一人がその小さな勇気を持つことによって未来が変わっていくと僕は信じています。その信じている自分がそれを皆さんに伝えることで、皆さんの背中を押したり、僕がいろいろな人に気付かせてもらった大事なことを将来に送ったりすることができれば光栄です。今日は長い時間お付き合いいただき、本当にありがとうございました。（拍手）

第３部

シンポジウム報告

第5章 グローバル社会を生きる移民の子どものエンパワメント
―アメリカの NPO の取り組みから―

徳永智子

1 はじめに

　私は日本で生まれ、日本・アメリカ・インドネシアの多文化環境のなかで育ちました。幼少期から日本と海外を行き来したこともあり、大学在学中から「外国につながる子ども」[1]の教育支援を行ってきました。大学院に進学してからは、フィリピンにルーツをもつ日本在住の子どもたちやアメリカに住むアジア系移民の子どもたちとかかわり、移民コミュニティでのフィールドワークを実施しました。現在は、日本とアメリカに住む移民の子ども・若者の居場所づくりやエンパワメントの研究および実践を行っています。

　ここでは、移民の子どもが持つ可能性について視点を提示し、次にアメリカで移民の子どものエンパワメントを行っている NPO の実践を紹介します。その上で、複数の文化や言語のはざまを生きる子どもの力や強さが発揮できる教育支援・社会のあり方を考えることを提案したいと思います。

2 移民の子どもの力

　グローバル化が進む時代において、世界中で子どもの移動がみられます。途上国から欧米諸国に移動する子どもがいれば、一国内で移動する子どももいます。母国と受け入れ国の行き来を繰り返す子どももいれば、第三国に移住する場合もあるでしょう。紛争や政治的迫害によって自国から逃れざるをえない子どももいます。このようにグローバルな人の移動がみられるなかで、日本を着地点として、あるいは通過点として、日本に移り住む子どもたちがいます。日本生まれ・日本育ちの2世の子どもも増えています。グローバルな視点から日本を位置づけてみると、外国につながる子どもが生きる世界をより広く理解することができると思います。

第 3 部　シンポジウム報告

　移民の話になると、どうしても大人ばかりに注目が集まりがちです。しかし、移民・難民の 8 人に 1 人は子どもであり（ユニセフ、2016）、移動は大人だけに限りません。子どもの移動に特有なこととして、子どもは大人と違い，自身の意思で移住することは多くありません。もちろん親が子どものより良い将来（教育や職業の機会など）を願って移動を決定する場合もありますが、自分で選択せずに移動する子どもが多いことを理解しておく必要があると思います。私がこれまでかかわった子どもたちのなかにも、自身の意思とは関係なく、日本に移住することになった子どもがいます。たとえば、フィリピン出身の女の子の話になりますが、彼女は、フィリピンで育ち、14 歳の時に日本で働く母親から日本のディズニーランドに遊びに来ないかと誘われ、旅行目的で来日しました。ところが、日本に来てみると、彼女は、親から日本で一緒に住むよう言われ、突如フィリピンから離れることになってしまいました。フィリピンにいた友達や家族に別れの挨拶をすることも、日本で生活するための準備をすることもできず、突然日本に移住することになってしまったのです。

　移民の子どもは、複数の国・文化・言語のはざまを生き、それらの間を自由に行き来する能力・資質を有しています。もちろん、それらの能力は最初から備わっているわけではないので、行く先々の社会で様々な試練や困難を経験するなかで身に着けた力と言った方が適格かもしれません。欧米では、移民の子どもを「文化の仲介者」（cultural mediator）と呼ぶことがあり、子どもが文化の橋渡しをしている点が評価されています。外国につながる子どもの多くは、親の文化と日本の文化を持ち、母語と日本語を話しています。私がフィリピン出身の子どもたちと接するなかで驚いたことの一つに、複数言語やハイブリッド言語を用いることがあります。ある子どもは、母親とはビサヤ語で話し、弟や妹、義理の日本人の父親とは日本語で話します。フィリピン出身の友達とはタガログ語で会話をしていました。子どもは、時と場合により、どの言語で話すかを瞬時に見極め、使い分けることができるのです。一つの文章に英語とタガログ語と日本語を混ぜてハイブリッドな言語を話すこともよくあります。子どもたちは複数でハイブリッドな言語を話すことで、アイデンティティを表現しているように見えます。「文化のカメレオン」（ポロック・ヴァン・リーケン、2010）という言葉が示すように、自由自在に多様な文化に適応し、言語や態度を切り替え、多面的な自己を作っていく能力や資質は高く評価されるべきではないでしょうか。

移民の子どもは、多様な文化や言語のはざまを生きる中で、様々な国やコミュニティに帰属意識をもち、複層的なアイデンティティを有しています（徳永、2014）。ひとつの故郷ではなく、複数の故郷をもっていたり、日本人でもあり、○○人でもあったりします。しかし、日本では、支援者や教員などから、外国につながる子どもは「母国にも日本にも居場所がない」、「アイデンティティがゆらいでいるから進路も決まらない」というような発言を聞くことがあります。ネガティブな見方ではなく、子どものもつ複層性や多様性をポジティブに捉える視点を増やしていくべきだと思います。

子どもの進路やキャリアを考えるうえでも同じ事が言えると思います。子どもは、一国内ではなく、国境を越えた進路やキャリアを考える場合があります（徳永、2008）。海外にいる親戚や友人とコミュニケーションをとったり、ソーシャルネットワーキングサービス（SNS）を利用して世界中の若者と情報交換をしたりします（徳永、2014）。そのような海外に広がるネットワークやコミュニティを最大限に生かし、さらには、高い語学力や異文化受容力を活用し、選択肢を国外に広げて教育やキャリアパスを模索する若者たちもいます。私がかかわった子どもたちのなかにも、母国に戻り大学に進学したり、アメリカなど第三国に移住した人もいます。グローバルにより良い未来を開拓する力を賞賛する大人がもっと増えていく必要があると思います。

3　アメリカのエンパワメントプログラムの実践

3.1　子どものエンパワメント

外国につながる子どもの教育が話題になると、低学力、低い高校進学率、高い不就学率など、あらゆる教育問題に焦点があてられがちです。全国規模の調査がないので、どれほどの子どもたちが高校に進学しているかは分かりませんが、約98％の日本人が高校に行くなか、外国につながる子どもの約半分しか進学しておらず、高校に入学しても中退してしまう生徒が多いと言われています。外国人にはやさしくない教育制度、同化圧力の強い学校文化などから、子どもが本来もつ能力が発揮できにくい社会になっているのです。ですから、その障壁を取り除くために教育問題に着目する重要性は理解できるのですが、そのアプローチをとり続けていると、子ども側に問題があると見られてしまう危険性が出てきます。「日本語ができない」、「努力が足りない」、「親が無責任で

第3部　シンポジウム報告

ある」など自己責任の考え方が蔓延してしまう可能性もあります。

そうならないためにも、私は、子どもの可能性や能力に光を当て、その強さが十分に発揮できる教育支援や社会のあり方を考えるアプローチに切り替える必要性を感じています。エンパワメントの考え方をもつことで、子どものポジティブな側面に焦点があたり、子どもが主体となって、本来もつ能力や資質が生かせるような支援のあり方を生み出していくことができるでしょう。

アメリカでは、このような考え方に基づいて移民の子ども・若者を支援するNPOが数多くあります。多民族国家・移民国であるアメリカでは、4人に1人は外国生まれの親をもち、なかでもアメリカ生まれ・アメリカ育ちの移民2世が約88％を占めています（Migration Policy Institute、2016）。活発な市民活動、NPOの長い歴史、充実した政府主導のボランティア制度・政策があるなかで、コミュニティに根差して、移民の子ども・若者のエンパワメントを目的として多様なプログラムが展開されています。いわゆる学習支援だけではなく、リーダーシップスキルやライフスキルの育成、母語の教育、大学進学やキャリア支援など幅広い活動を行っています。これらの団体の多くは、「ネットワーク型支援」（野津、2007）という言葉が示すように、他のNPO、学校、企業、大学、行政などと連携しながら、網目状のネットワークのなかで多角的な支援を行っています。それぞれのアクターがもつ強みや弱みを把握し、資源やネットワークを共有し、子どものエンパワメントにかかわっています。

3.2　中国系移民のリーダーシップ育成プログラム

ここでは、エンパワメントの事例として、私がアメリカでかかわってきた中国系移民の若者のリーダーシップ育成プログラム（CYLP：Chinese Youth Leadership Program）（仮名）について簡単に紹介します（Tokunaga & Huang、2016）。アメリカではアジア系の人口は約4.8％（2010年の国勢調査より）とされ、特に近年中国やインドなどアジアの国々からの移民が増加しています。アジア系アメリカ人は、「モデル・マイノリティ」と呼ばれ、他の人種と比較して社会経済的地位や学歴が高いと言われていますが、経済的に恵まれない子どもや難民の子どもなどを中心に様々な困難も抱えています。

CYLPは、アメリカ東海岸の中華街にあるNPOが運営しており、2011年からアメリカに移住したばかりの中国系移民1世の高校生を対象としたエンパワメントプログラムを実施しています。プログラムを作った背景には、子どもの

第5章　グローバル社会を生きる移民の子どものエンパワメント

親が共働きの上、長時間労働を強いられており、資源やネットワークが限られていたことがあります。また、子どもが在籍する高校では人種差別やいじめが問題となっており、中国系の子どもが孤立していた状況もあげられます。そのようななかで、子どもが困難を乗り越えて本来持っている力を発揮し、コミュニティのリーダーとなれるよう、リーダーシップスキルを育成することを目的としてプログラムが作られました。NPO の中国系アメリカ人のバイリンガルコーディネーターと高校の教員が協働し、高校の選択科目に認定してプログラムを運営しています。コーディネーターは、移民の高校生一人一人がリーダーになる素質やスキルを持っており、社会でポジティブな変化を起こせるようにエンパワーしていると話していました。自分たちのストレングス（強さ）に着目するよう、日々、子どもたちに伝えているそうです。

　私は、この取り組みを見て、子どもが発している言葉が非常にポジティブであったことに驚きました。印象に残っていることとして、一人の女の子が次のように話してくれました。「今は自分にとても自信を持っているよ。初めてCYLP に入ったときは恥ずかしがりやで人と話すのが嫌だったよ……今は〔周りの生徒たちのために〕通訳もたくさんするようになったよ。〔CLYP は〕移民にとってとても良いと思う。どうやって自分を高めることができるのか、自分に自信をもつことができるのか分かったと思う。」子どもたちからは頻繁に「自信を持った」、「勇気を持てた」、「英語を人前で話せるようになった」など、CYLP の活動を通して自己肯定感を高めていった様子がうかがえました。

　CYLP のエンパワメントの特徴として主に 2 つ挙げられると思います。1 点目は、子どもを地域コミュニティとつなぎ、コミュニティの一員としての意識を高めることです。子どもはアメリカに移住したばかりで、自分たちが住んでいる中華街の歴史や現状をほとんど知りませんし、地域の人々とのつながりもありません。プログラムでは、学校では扱わないアジア系アメリカ人の歴史や中華街の実情について学んだり、地域の人々とジェントリフィケーション[2]に反対するデモに参加したりしています。子どもたちが中華街の良さや強さに気づき、主体的に地域づくりに参画できるようにエンパワメントを行っています。

　2 点目は、複数言語・文化の意識化です。コーディネーターは、子どもたちが複数の言語を話し、複数の文化を行き来する能力を認めており、その力をプログラムづくりにも生かしています。子どもは、学校で母語ではない英語のみ

第3部　シンポジウム報告

を使用し、多くのストレスを感じているので、プログラム中は自分の考えや感情を表現しやすい言語で話すよう伝えられています。子ども自身が複数言語・文化の力や強さを認識し、言語化している例としてある生徒が、「移民であることに誇りをもっているよ……アメリカ生まれの人よりたくさんの言葉を知っている」と語っていたことが挙げられます。このような言葉が子どもたちから発せられるということは、周りの大人が複数言語・文化を意識化した言葉を使用し、強さに着目したかかわり方をしている証拠だと思います。

　日本でかかわってきた子どもたちからは、「外国人だから高校に行けないよ」、「外国人だから就職するのは難しいよ」など、ネガティブな発言を聞くことがよくあります。もちろんその言葉の背後には、外国人に差別的な社会構造や制度があり、子どもが学校や社会から排除されている状況が示されているでしょう。しかし、それに加えて、周りにいる大人、学校、メディアなどからも、子どもを問題と捉えるネガティブな言葉が発せられ、子どもがそれを内面化しているのではないかと危惧します。社会の仕組みを問題化すると同時に、子どもを見る視点や使う言葉をポジティブにし、社会に拡散していく必要があるのではないでしょうか。

4　移民の子どもの力が発揮できる社会を目指して

　繰り返しになりますが、移民の子どもを無力だと決めつけるのではなく、子どもの強みに着目した支援や社会の在り方を考えていくことを提案したいと思います。子どもには、複数言語・文化の力、国境を越えたキャリアを形成する力、異なる文化に順応する力など、様々な強さがあります。それら一つ一つを評価し、その強さに応じて、子どもと共にどのような支援が必要か、どのような社会を作っていきたいかを考える時が来ているように思います。また、外国につながる子どもが活躍できる社会を考えるということは、障がい者やセクシュアルマイノリティなど国内にいる多様なマイノリティの力が発揮できる社会をつくることと関連しています。すなわち、エンパワメントの考え方は、多様なマイノリティの支援とも共通していると言えます。外国人と日本人という二項対立的な考え方をするのではなく、全ての人に居場所のある社会のあり方について皆で考えていく必要があるのではないでしょうか。

　外国につながる子どもは、国際化を推進するパイオニアです。子どもは、国

内の多文化化を進めるだけでなく、海外と日本をつなぎ、新しい形の「国際化」を創り出していくポテンシャルを大いに持っています。その芽をつぶさないためにも、子どもたちと共にエンパワメントの取り組みを進めていきたいと思います。

[注]
1) ここでは、本シンポジウムのタイトルに合わせて、日本にいる移民の子どもを「外国につながる子ども」と言います。子どもたちは移民であるにもかかわらず、日本では一般的に移民として認識されていません。近年、子どもの背景が多様化するなかで、国籍を基準として「外国人の子ども」と呼ぶのを避け、「外国につながる子ども」、「外国にルーツを持つ子ども」、「多文化の子ども」（宮崎、2013)、「移動する子ども」（川上、2009）などの言葉が使用されるようになっています。
2) ジェントリフィケーションとは、比較的豊かな層が貧困層の多く暮らす都市部に流入し、地域コミュニティが変化していくことを指します。

[文献]
川上郁雄『「移動する子どもたち」の考える力とリテラシー―主体性の年少者日本語教育学―』明石書店，2009 年.

Migration Policy Institute. "Children in U.S. Immigrant Families." (2016 年 10 月 19 日取得，http://www.migrationpolicy.org/programs/data-hub/charts/children-immigrant-families?width=1000&height=850&iframe=true)

宮崎幸江『日本に住む多文化の子どもと教育―ことばと文化のはざまで生きる―』上智大学出版，2013 年.

野津隆志『アメリカの教育支援ネットワーク―ベトナム系ニューカマーと学校・NPO・ボランティア―』東信堂，2007 年.

ポロック、デビッド・C、ヴァン・リーケン、ルース・E、嘉納もも・日部八重子訳『サードカルチャーキッズ―多文化の間で生きる子どもたち―』スリーエーネットワーク，2010 年.

徳永智子「『フィリピン系ニューカマー』生徒の進路意識と将来展望―『重要な他者』と『来日経緯』に着目して―」『異文化間教育』28 号，2008 年，pp.87-99.

徳永智子「国境を越える想像上の『ホーム』：アジア系アメリカ人の女子生徒によるメディア／ポピュラー・カルチャーの消費に着目して」『異文化間教育』40 号，2014 年，pp.70-84.

Tokunaga, T. & Huang, C. "'I Feel Proud to Be an Immigrant': How a Youth Program Supports Ibasho Creation for Chinese Immigrant Students in the US," in Ma, W. & Li, G., eds., Chinese-Heritage Students in North American Schools:

第3部　シンポジウム報告

Understanding Hearts and Minds Beyond Test Scores. New York: Routledge, 2016, pp.164-179.

Unicef（2016）"Uprooted: The Growing Crisis for Refugee and Migrant Children"（2017 年 1 月 15 日 取 得，https://www.unicef.org/videoaudio/PDFs/Uprooted.pdf）

第6章 「手を洗ったら、女の子からタオルを取りに行ってね」が示した問題

上田崇仁

1 言葉に向ける意識

　愛知県は、日本国籍を持っておらず、日本語指導が必要な児童・生徒が非常に多い自治体です。日本国籍を持っていて、日本語指導が必要な子どもたちも、愛知県が一番多い状況です。このため、これまで成人を対象とした日本語教員を養成していた私たちは、2017年4月より、地域のニーズにこたえるために、日本語教育を学んだ小学校教員を養成することになりました。

　愛知教育大学の日本語教員養成は、1987年にさかのぼります。卒業生は、日本語教員だけでなく、地域の中学校、高等学校の教員として働いているものも多勢います。

　日本語教育は、一般に、日本語を母語としている人たちにとっては、接したことのないもので、つい、自分たちの受けた国語や英語の授業をイメージしがちですが、日本語をどれだけ客観的に観察できるか、ということにもっと目を向ける必要があります。おそらく、「内なる国際化」の第一歩は、自分の言語を、また、自分自身を客観的に見ることから始まるのではないかと考えます。

　一つの例を出します。

　日本語指導をされている先生方の授業を拝見すると、「助詞が違ったら意味が違うから、助詞はとても大切ですよ」と言って、助詞の練習を熱心にやっていらっしゃいます。仕方がないと思うのですが、その様子を後ろでじっと見ていて、いろいろと思うことがあります。助詞は大切だというのはうそではないのですが、日本人であろうと、日本人でなかろうと、子どもは素直なので、指導する側が助詞そのものだけでなく、その使われ方もどれだけ意識化できているのかが、重要になってきます。

　数学で「変数XとYの関係はどうなりますか」の後、先生は何と言うと思いますか。「はい、式に書いてください」と言うのです。「式で書きなさい」

第3部　シンポジウム報告

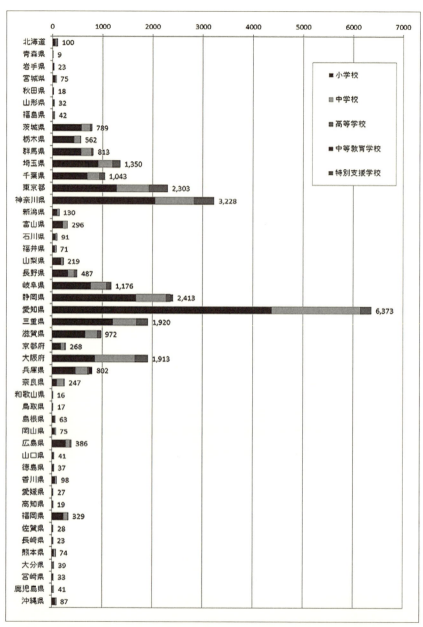

図1　日本語指導が必要な外国人児童生徒の学校種別在籍状況（都道府県別）
(出典：文部科学省「『日本語指導が必要な児童生徒の受け入れ状況等に関する調査（平成26年度）』」の結果について)

「式を書きなさい」もあります。先生は「Y＝X2」と書いてほしいだけなのに、「式に書け」「式を書け」「式で書け」と助詞を変えるでしょう。子どもたちからしてみると、「助詞が違う。先生は助詞が違ったら違うと言った。何をするの？」ということが起きます。

　中学校の中間テストや期末テストの出題を見ると、問題によって指示が全部違うことがあります。「式に書け」「式で書け」「式を書け」と。教えていないものは子どもたちは分かりませんし、教えているのは「助詞が違ったら意味が違います」ということです。なかなかたいへんですね。

　私が「鉛筆を書いてください」と言ったら、恐らく鉛筆の絵を描かれますよね。では「鉛筆に書いてください」と言ったら、何を書くのだろうと思いながら名前を書く方が多いと思います。「鉛筆で書いてください」と言ったら、センター入試などのときに「あ、いけない。シャーペン使ってる」ということがあったかと思います。このように、助詞が違えば文意が変わってくるのは確かですが、それだけではない、ということを指導者側は意識しておく必要があると思います。

2　通じない日本語──小学校での事例

　転校、引っ越しを経験された方でしたらきっとご経験があると思いますが、学校文化というのはすごく独特で、汎用（はんよう）性がないものです。愛知教育大学は、学生のおよそ8割が愛知県出身者で、彼らが教員になって愛知県で働きます。つまり愛知県しか知らない教員が誕生していくのです。自分の勤めている学校や自分の過ごした学校以外の学校の文化に対する配慮があるかどうか、とても心配しています。

　愛知県の小学校に転校したある女の子の話です。その子は、小学校2年生の時に転校してきたのですが、こんなことを言ったそうです。「お父さん、新聞持って来てって先生が言った」「どうして？」「図工で使うんだって」と。さあ皆さん、お子さんに何を持たせますか。そのお父さんは、新聞1日分を渡しました。ところが子どもが帰ってきて、ちょっと泣きながら「みんなと違ったよ」と言うのです。それで、担任の先生に、新聞について伺ったところ「二つに折って、周りをガムテープで補強したものです。図工のとき下に敷きます」と、先生が答えました。新聞に間違いはないけれども、そんな細工をしろとは

第3部　シンポジウム報告

聞いていません。お父さんは若干驚かれたどうですが、「そういうものだったんですね。うちの子、全然分からなくて」と言うと、「入学時にしっかり指導しているんですけどね」と返ってきました。転入生だから入学時の説明なんか聞いていないと思われたそうですが、学校の先生のほうは、それで通じると思われているのです。

　もう一つ、こんな例もあります。ある男の子が、「お父さん、先生が今度の図工で石こうをするんだって」と伝えたそうです。「あの固まるやつか」「うん。すごい楽しみ。それで、先生が要らない服を持って来いって」と。さあ皆さん、何を持たせますか。そのお父さんは石こうで服が汚れるからと思って、古いパジャマを持たせました。その後息子は「先生が大変そうだった」「何で？　みんな何持ってた？」「手袋とか靴下」と。お分かりですか。服というのは、石こうで固める作品にするための要らない服だったんです。見に行ったら、みんな手袋が面白い形になっていたり、靴下で人形ができているのに、その子だけパジャマの上下がぶら下がっているのです。石こうをするので要らない服を持って来いと言われると、私も汚れてもいい服としか思えないのですが、皆さんはいかがでしょうか。

　日本の学校を卒業した親ですら、自分の経験に照らしてもわからない学校文化があります。学校の先生方は、自分を基準に考えること、自分の学校を基準に考えることになれてしまい、目の前にいる子どもやその保護者の背景の多様性に気づいていらっしゃらないことも、ままあるように感じます。

　以前、外国のお子さんたちのケアの仕事で、保護者の方からどんな相談があるのか、お手伝いしていただいている NPO の方にデータを取っていただいたら、なかなか不思議な相談ばかりでした。いや、今思うと全然不思議ではないのですが、例えば「部活を辞めるにはどうしたらいいですか」という相談や「始業式はセレモニーですか」という相談です。「まあセレモニーですね」「じゃあ服はいい服ですか」「いや、それほど良くなくてもいいと思いますけどね」という内容です。

　これは何が問題かというと、保護者の方の多くは夜遅くまで働いていらっしゃって、学校に電話する時間が遅いのですよ。学校は誰もいませんし、同級生のお母さんお父さんに知り合いもいません。

　授業と授業の間の 10 分の時間のことを、山口県で育った私は「休み時間」と言う文化で育っていますが、愛知県では「放課」という言葉を使います。放

86

第6章　「手を洗ったら、女の子からタオルを取りに行ってね」が示した問題

課後の、後ではなく、放課です。「放課に来てください」と言ったときに、いろいろな勘違いをしますよ。学校文化は、その地域特有のものであるということを認識するべきなんですが、、私の勤めている愛教大の学生は、それに気付かずに卒業してしまうことが多いのです。いいかえれば、自分の経験や、自分の知っている範囲のことを、標準として簡単に受け入れてしまっていて疑わないまま卒業しているということです。今、現に進みつつある、学校の多文化化には、自分たちがいかに客観的に見られるか、自分たちを標準ととらえることに疑いを持てる人材をどう養成するかが一つのポイントです。それが、やはり今回のテーマである「内なる国際化」の重要な点だと考えます。

3　日本語教育の現場──イスラム教徒の事例

　愛知教育大学では、すでに30年の日本語教員養成の蓄積があり、目の前にいる学習者の持つ文化の多様性を折に触れて指導しているところですが、知っていることと行動することは大きく違うという話を三つ挙げます。
　一つめは、豚汁事件という、留学生を連れて小学校を訪問したときの話です。給食を食べることになったのですが、イスラム教の学生がいるので、小学校の電話をして「メニューは何ですか」と聞いたところ、「豚汁とチャーハンです」と。イスラム教徒の留学生にとっては全部アウトのメニューです。それで「イスラム教の学生がいます」と言ったら、先方の先生が「豚肉が駄目ですね」と言われたので、言わなくても分かっている、何と素晴らしい先生だろうと安心しました。「そうです。豚肉が駄目なんです」「対応します」と言われたから、アレルギー食のように宗教食があったのかなと思って、それで終わってしまったんです。
　子どもたちと交流して、ちょっと早めに職員室に行くと、手の空いた先生方が5〜6人、マスクと手袋にエプロンで、豚汁の中から豚肉を取り除く作業をされているのです。豚肉は駄目というのは、クリアしているのですが、その次の段階で、何かが起こっているのです。「誠に申し訳ありません。こんなによけていただいていますが無意味です。トイレで使って汚れた雑巾なんかが触れた食事だと思ってください。雑巾を取り除いても食べられないですよね」という話をすると、「ああ！」と言われて、先生がコンビニまでパンを買いに走ってくださいました。「豚肉がダメ」という知識は共有できても、それが日常生

87

第3部　シンポジウム報告

活に根差していない「知識」にとどまっていると、実際の行動に移すときに齟
齬をきたしてしまう。

　二つめは、愛知教育大学でやっている親子日本語教室での話です。学生に
「今月はラマダンでイスラムの人は食べられないからね」と言ったら、みんな
ノートには書いていました。この親子日本語教室の子どもクラスの方では、休
憩時間におやつを配っているのですが、その日も何も変わらず配っていまし
た。僕はその学生を呼んで、「さっき僕は何を話した？」「ラマダンです」「そ
うだね。ラマダンってどんな月かな？」「太陽が出ている間には物を食べられ
ません」「そうだね。今、君は何をしたかな？」「おやつを配りました」「そう
だね。あの子は？」「あっ！」と。その子はもう食べ切っていました。

　お父さんとお母さんが親の方の教室にいるから、行って事情を話しました。
とても理解のある方で、うそか本当か分かりませんが「子どもは小さいですか
ら、来年からラマダンをさせようと思っています、今年は大丈夫です」と言っ
てくださって、みんなの負担が一気に消えたのですが、「知らないと何が起こ
るか」ではなく、「知っていても起こる」のです。

　三つめは、イスラムの学生たちと忘年会に行った時の話です。幹事が豚キム
チ鍋の店にすると言って同じ料金を取っていて、ちょっときつく怒ったことが
あります。要するに、知っていても行動できないことはあるということです。
悪意のあるなしにかかわらずです。

4　日本語教育の現場──それぞれの人が持つ言葉や環境の違い

　さて、私はよく先生になる学生たちに指導するときに、「『子どもに寄り添
う』とみんな言うけれど、みんなが考えている子どもは自分の子どもの頃をイ
メージしてしまっていないか、自分が基準になってないか」という話をよくし
ます。

　「外国のお子さんたちがいる。さあどうしよう」と言ったら、「ご家庭でも積
極的に日本語を使ってくださいと指導する。そうしたら子どもたちは日本語が
使えるようになると思います」と学生は答えます。いいえ、お父さんとお母さ
んが片言の日本語で、コミュニケーションがろくに取れないと大変なことにな
るので、家庭ではお父さんお母さんとお子さんが一緒にいろいろ話せる言語で
話を聞いてやってくださいと言うべきなのです。日本語がほとんど話せないお

母さんとお父さんに、日本語で家庭生活を送れというのは無茶ですよと。あなたは家で全部英語で暮らせと言われてできますかという話をしたら、学生は「頑張ります」と言うのですが、頑張れないと思います。

それから、「英語が話せるから大丈夫だと思います」と言う学生も結構多いです。でも、英語だけでは完全な対応は難しいのです。愛知県で今一番多いのは、ブラジルから来た方で、次はフィリピンから来た方ですが、母語ではない英語の教育をしっかり受けているかというと、やはりそれは全員に要求できることではない話です。愛知教育大学の近くにある小学校には、子どもたちが13 カ国から来ていて、学校全体の 60 パーセントを超える人数が外国籍の子どもというところがあります。英語ができても、子供や保護者とのコミュニケーションが円滑には行えない状況です。

それから、前述したような家庭から相談の電話はないということは、家庭と学校との時間帯が違うからです。欠席の連絡がない。だから困った家庭で終わるのは何の解決にもなりません。6 時にお母さんは仕事に出るのに、6 時前に電話をして学校に誰がいるかというと、誰もいないことのほうが多いわけです。なぜ、連絡がないのか、その背景に思いをはせる想像力が足りないことがよくあります。わたしの勤務している愛知教育大学に入ってくる学生で、社会的に貧困な生活を送っている子どもはものすごく少なくて、自分の生活を基準にすると何も想像が利かないことが多いです。ですから、どれだけ体験させるかというのが、今、私たち教員に課せられている課題だと考えています。

保護者や子どもが困ったのはどんなところなのかというのは、実はベテランの先生でも、日本生まれの日本人の子どもの経験しかないから、想像できないものは結構多いようです。その想像を超える例を一生懸命集めて、お示しするようなことをしています。

先ほどの新聞の例もそうですが、教員で将来子どもたちに接する人たち、特に外国にルーツを持つ子どもたち、日本語の指導が必要な子どもたちに接するであろう学生たちには、自分の話している日本語がどう伝わっているか、あなたは客観的に考えているかという話をよくします。また、言葉だけに頼りすぎていないか、という問いかけも頻繁にしています。

以前、学校の先生方に「子どもに話をするとき、一番重視することは何ですか」というアンケートを採ったという研究を読んだのですが、低学年を担当する先生方は「分かりやすさ」という回答が多いのです。これは当然だと思いま

第3部　シンポジウム報告

す。「分かりやすくとは具体的に？」といったら、Ａ先生はオノマトペを使う、Ｂ先生は比喩を使うということでした。母語話者には確かにそうかもしれません。しかし、日本語が十分でない子どもに、この二つは大変なことだということと、それに気付いている方は少ないようです。

　教育実習を見に行ったときも、実習生は外国の子どもがいるところでオノマトペを使い、比喩を使い、少数派である外国の子どもたちにどの程度通じているのか、はらはらしながらの見学でした。「はい、お尻ペタン」と。困るでしょう。お尻ペタン、背中ピン。子どもは周りを見て、よく分からないけれども、同じふうにやっていました。

　一番困ったのは、ある小学校１年生の担任の先生が図工の後で子どもたちに指示した言葉です。ボイスレコーダーで録音させていただいて、この調査をやってくれた院生と後で聞き直して、「これは一体何だ？」と。その先生には今も確認できていないのですが、「皆さん、忍者のように手を洗って」と（笑）。さあどうしますか、皆さん。忍者のように手を洗うとは何でしょうか。静かに素早くかなと思っていたのですが、ある学部生が「手裏剣を飛ばすように手をこすり合わせてよく洗えではないか」と言ったのを聞いて、ああ、それもあるかと。比喩は大変です。

　今回教育実習を見に行ったときも、「はい、ライオンの声で」と言っていました。ライオンの声とは何かといったら、リスの声、犬の声、ライオンの声と、声の大きさが書いてあるのです。私はそこに初めて行ったので、「はい、みんなライオンの声で」と言われたときに１人だけ分からずに立っていました。後で実際に聞いたら、「リスの声、犬の声、ライオンの声というのは、１学期の最初に指導するからみんな分かっています」と言うのですが、先ほどの１年生で指導するからみんな分かっているというのと一緒で、転入生には分からないということもあったりして、実は大変なのです。

　今「忍者のように」という比喩も、皆さんは忍者が分かっているから笑われましたが、知らないものでたとえられたらどうしますか。「トッケビのように踊りなさい」と言われても「トッケビとは何？」となりますね。でも多くの場合、比喩は母語話者には伝わるけれども、母語話者ではない子どもたちには通じないという問題があるのです。先生たちはみんな分かりやすく話そうという意識を持っていらっしゃるのですが、その方法・手段に関する思考の広がりが十分ではないケースが見られます。

90

第6章 「手を洗ったら、女の子からタオルを取りに行ってね」が示した問題

　数学の先生が「直線 AB の上に点 P を描いてください」と指示すると、直線 AB 上にない点 P を描くわけです。先生は、「ここじゃない。ここだ」と、直線に重なるように教えるのですけれども、どうしても上に描いてしまう。理由は大変簡単です。上というものが示すものはいろいろあります。英語でしたら、これは on らしいです。on だったら、それは直線に接して描くしかないのですが、日本語の「上」というのは、机に置いた上の手前を下、奥を上という場合もあります。「上とは一体何？」ということが問題になります。

　机に座っていて、先生が教壇に立っている状況で、机の上の紙と私の間、机の前の端の辺りにペンケースを置いてくださいと言うのを、学校の先生方はどんな言葉で指示されると思いますか。これもいろいろな指示があります。私が調べた時、その先生は最初に「教科書の前に筆箱を置いて」とおっしゃいます。教科書の前とはどこですか。録音を聞いているとガサガサと音がして、しばらくシーンとして、先生が「あ、通じていない」と思われるのです。それで「教科書の奥に置いてください」と言うと、また何人かのガサガサという音がして、シーンとなる。やはり通じない子がいるので、先生が「教科書の上に置いてください」と言う。その後、「これから先生は、机のここに置いてほしいときには、『机の上の方に置いてね』と言うから、いいね。ここは『上』だよ」と教えてから、次の算数の授業で「数字の上にブロックを置いて」と言って、狙いと違うところに置いている子どもがいると「上はそこじゃありません」と言う。要するに、言葉を先生はどれぐらい意識して使っているかというのが、ものすごく気になるわけです。

　そして、このタイトルとした「手を洗ったら、女の子からタオルを取ってきてね」です。

　先生がこの言葉を言って、女の子がタオルを取りに行きました。すると、騒ぎが起こりました。先生がどうしたのかと言ったら、女の子が「B くんが私のタオルを！」と言っていて、B くんがその子のタオルを握っていたのです。先生は「B くん、駄目じゃない」と怒ったのですが、後で聞くと、B くんは先生の言うとおりにしたのだと言うのです。「女の子からタオルを取る」の「から」は順番だったのに、B くんは順番の「から」が分からなくて、起点になる「から」、女の子から取り上げると思ったのです。先生の指導は「女の子から取って来い」ですから、この男の子は先生の言うことを聞いたはずだと思っています。でも、男の子は先生に怒られる。先生は理由が分からない。

91

第3部　シンポジウム報告

解決策は難しくはありません。「手を洗ったら、1番、女の子、タオルを取って。男の子は座って。じゃあ次は、2番、男の子、取って」と言えば、大丈夫じゃないでしょうか。無意識に「女の子からタオルを取れ」と指示するから騒ぎになります。

　現場に立つ先生方を養成している立場としては、子どもたちに話すときに自分の言葉がどれだけ通じるものなのかというのを客観的に見る。それが、自分と違う文化を持っている人たち、それから日本語が十分ではない人たちに接する基本的な態度だと話しています。

5　通じる日本語──分かりやすい日本語とは

　「やさしい日本語」というのはよく出てくるキーワードです。いかに通じる日本語を考えていくかが一つ大きなポイントです。それは一つの文を短くして、一つの文に入る指示は一つだけにするという配慮です。

　先ほど申し上げた、在籍の6割が外国の子だという学校では、一つの文を短くして、一つの文の指示は一つというのを、先生方は徹底してされています。つまり「帽子とかばんを持って、出席番号順に廊下に並んで」とはおっしゃいません。子どもたちは、日本語が十分でないとそこまでの情報を一度に処理できません。「帽子を持ちましたか」「はい」「かばんを持ちましたか」「はい」「出席番号1番は誰？」「はい」「1番の人、2番の人、3番の人。並んでください」「はい」と、こうなのです。いかに短くするか。この訓練をすると、どの小学校に行っても指示がビシッと通るようになるという評判があります。

　それから、意味のある言葉の広がりに注意します。これは先ほど言った「上」という言葉もそうです。「女の子から」の「から」もそうですが、自分が話す言葉が一つ以上の解釈をされる可能性があるかもしれないということを少しでも意識できるといいだろうと思います。先ほども「机の上」「奥」「先生と皆さんの間」などいろいろありました。子どもたちは「上」と「奥」と「間」と「前」が全部同じ意味になって、混沌（こんとん）としたまま授業を受けています。

　そして、言葉だけに頼らずに行動やイラストで示すというのも重要なことです。

　私は日本語が全然分からない学生たちに、直接法といって、日本語だけで日

第6章 「手を洗ったら、女の子からタオルを取りに行ってね」が示した問題

本語を教えます。自己紹介を教えるときに「今日は自己紹介を教えます」と言っても通じません。学生に会うのが初めてだという場面を利用して、がらっと教室に入って教壇に立ったら、自己紹介を自分がします。「はじめまして、上田です。どうぞよろしくお願いします」とぺこっと頭を下げる。どの文化でも、初めて会う人には自分の名前などを言うような儀礼があるはずなのです。それに寄りかかって、「今、先生が何か言った。何だろう。初めて会うから自己紹介かもしれない」という推測をしてもらうところから授業を進めていきます。

自己紹介を教えるというと、どうしても「はじめまして、上田です。どうぞよろしくお願いします」のフレーズばかり教えるのですが、これは意味がありません。周囲の人に自分の名前を知ってもらい、周囲の人の名前を知って、自分を支えてくれる人を捕まえるというのが自己紹介の目的なのです。そうすると、「はじめまして、上田です。どうぞよろしくお願いします」と言って、相手が「はじめまして、山本です。どうぞよろしくお願いします」と言ったときに、「山本」がキャッチできなかったら大変です。ですから、「すみません。もう一度お願いします」「すみません。ゆっくりお願いします」「お名前は？」というフレーズを一緒に教えないと、自己紹介は成り立ちません。

この訓練をすると、次からキャンパスで会ったときに「ああ、名前が分からない何とかさんだ」とならずに、「山本さん」と声を掛けられるようになり、その人を捕まえられさえすれば、その後は英語でも何でもいいのですよ。山本さんを捕まえたら、山本さんと一緒に動けるようになります。そのため、自己紹介などは必死に教えるのです。結局、何のためにそれを教えるのかを教員の方が把握していないとどうしようもないと考えています。

それから、前述のような、日本語母語話者に対する分かりやすさと、日本語を母語としない人に対する分かりやすさは違うということを、少し意識してほしいと思って教えています。

外国につながる子どもたちに接する教員の養成が、今私たちの課題にされているところです。愛知県から8割近く進学してきていますので、学生たちの中の2〜3割は、小学校や中学校のときに外国籍の子どもがいたという経験のある子です。でも、そういう学生たちも、実際にその子がどんなことで困っていたのか、その子がどんな指導を受けていたのかというのは全く把握していないわけです。

93

第3部　シンポジウム報告

　学生たちは愛知県で生まれ育って、愛知県の大学に行って、愛知県の学校に就職するものが多いので、愛知県しか知らないという話を先ほど申し上げましたが、やはり学校の先生というのは子どもたちに接する分、いろいろなことを知っておいてほしいわけです。そうでないと、自分の知っているものでしか進路指導ができなかったりします。自分が持っている外国に対する先入観やステレオタイプ的な考え方というものが、正しいか正しくないかという判断基準すら持っていない学生たちがいます。

　例えば、私が学部の3年生に教えている授業の全15回中2回ほどは、愛教大の留学生と一緒に雑談をしてコミュニケーションを取ってみるという授業をします。留学生には日本語の練習だと言って連れて来ます。日本の学生には、筆談禁止、英語を使うな、言語の練習はするな、彼らの日本語の練習の相手をしながら情報を取れと言います。

　1年目にこれをやったときに、日本人の学生の出す話題の貧困さに驚きました。何を話していいか分からないのです。2年目にやったときに「じゃあ相手の国の学校の話を聞いてごらんよ」と学校の話を聞かせて、いろいろさせていたら、養護教員の養成課程にいる学生が「養護教員を説明するのが大変だった。その国にはなかったんです」「じゃあ何と言ったの？」「学校の病気の人をケアするとか言いました」と。運動会の話をして楽しかったけれど、競技の説明が難しかったという話をしたり。学生たちが外に対してどれだけ意識化できるかということをちょっと考えて、教員養成をやっています。

6　日本語教育で必要なこと

　ここまで言葉の話ばかりでしたが、「言葉に頼りすぎない指導を考えてごらん」ということを常に言います。言葉に頼りすぎない指導を考えることができれば、言葉の持つ多義性に左右されない指導ができます。日本語教育を専攻している学生には「言葉で説明できるのは、教えた課までの文型と語彙だけだ。あとは場面をうまく利用して、ここでこれを使うんだと思わせるしかない」と。学校で教えるときも取り出して日本語指導をしているときには同じで、やはりその場面で必要なものを教えるしかない、という話をしています。

　それから、自分が発する言葉を吟味する。愛教大の教育学部の先生は伝統的に「ずっと『分かりましたか』の質問ほど無意味なものはない」と言っていま

94

第6章 「手を洗ったら、女の子からタオルを取りに行ってね」が示した問題

す。分かったかどうか知りたかったら、それを確認できる発問をしなさいと指導します。今からする作業内容について「分かりましたか」と聞くのではなく、最初に何をしますか、次に何をしますか、と確認すればいいという考え方ですが、私もその通りだと思っています。

それから、子どもたちや子どもたちの環境に思いを巡らすことも重要です。親と連絡がつかないと、なぜつかないのかを考えたら分かるはずです。子どもが給食費を持って来ない。なぜ持って来ないのか考えてみる。子どもが水泳のときに体温を測ってこない。これはなぜか。いろいろな文化があって、いろいろな子どもたちがいます。先生たちも自分を基準にして考えてしまわないように努めることが重要です。いろいろなことを考えながら、ではどうしたらいいのか。

違うところで1回お話ししたことですが、日本の平等というのは機会平等であって結果平等ではありません。「水泳の授業です、これが体温を書く紙です」。これは平等なのです。でも、その体温をなぜ書いて提出するのか。そして、提出されるという結果は気にしなくて、なぜ出てこないのだと怒るだけなのです。そうではありません。集められる、回収できるところの、平等というところをどう担保していくかというのも考えていく必要があると思います。

それから、子どもたちの保護者が何に困っているのか、少し考えてみてはどうでしょうか。私は息子が中学校に入るときに、まさか制服やかばんなどで10万円も掛かるとは思いませんでした。日本人だってこうなのです。外国のお子さんたちが中学校に入って、義務教育は無償だと思っていたら10万円掛かるというのは驚かれても、準備ができていなくても仕方がないことではないでしょうか。なぜ小学校5年のときに、4年のときに、3年のときに、遅くても6年生になったときに、誰かが情報を提供していれば準備もできたと思います。

高校入試も一緒です。高校に行く、専門学校へ行くという選択肢があって「絵がうまいから絵の専門学校へ行ったらどう？」「頑張る」と言っていたのに、実際の進学のときにこんなお金は払えないと親が言うほどつらいものはないのです。

自分や自分の育った環境を基準にしてはいけない。子どもと大人とは違うと思います。私が大人の留学生の授業をするときに、「あなたの行動は日本社会ではこう受け止められる。それを知っておいてくれたら、その行動をするかし

95

第3部　シンポジウム報告

ないかはあなたの勝手だ」とよく言います。「時間に遅れてきたら、日本人は
この人は遅れる人だと思う。日本社会の中のあなたの人間的な価値が下がりま
す。それが分かっているのだったら、もうあなたの文化的な活動でいいと思
う」と言ったら、遅れて来るのが続く学生と早く来る学生とに当然分かれま
す。

　でも、日本語の授業に遅れて来たら、「遅れてすみません」という練習をさ
せるのです。何もないところで、わざわざ「遅刻したときは」とかやると、ま
た遅刻という言葉を教えて、「ときは」という文法的なことを教えなくてはい
けなくて複雑になりますので、遅れて来たら「遅れてすみません」、「はい、外
に出てもう一度！」と毎回やっていると、言いたくない学生は早く来ます。

　最後に、異文化に接したときに善悪や良否の判断をしないということをお話
しします。これはエポケという言葉が専門的な言葉です。何かを見たときに
「あ、そんなものなんだね」と。学生たちに聞くと、自分が基準になっていて
基準から外れているのを見ると、良い悪いをすぐに言い始めるのですよ。よく
あるのは日本のお風呂文化ですよね。「お風呂に毎日入って、きれい好きです」。
そうでしょうか。家族みんな同じお湯に入っているという事実を指して、日本
人は汚いと言われたら、どう思いますかと言ったら、大体察してくれます。

　もう一つ、民族や国民性のせいにはせず、個人を見なければいけません。う
ちの学生が「中国人は」とか「ブラジル人が」とか言うと、私はすぐ怒りま
す。「金さんが」「ロペスくんが」と言うなら話は聞くけれども、「中国人が」
「ブラジル人は」と言ったら話は聞きません。「僕とあなたがいるときに、僕を
見て、日本人はみんな太っていると言われたら嫌だろ？」「許せません」「みん
な同じだよ」と、話します。

　私は今、教員養成課程の中で今日お話ししたような具体的な例を示しなが
ら、学生さんにどうそれを分かってもらうかということを教えながらやってい
ます。

　今回いただいた「内なる国際化」は、自分をどれだけ客観化できるのか、そ
れを以下に意識的に行えるかが、スタートだと私は考えています。

96

第7章　外国につながる子どもたちを支える
―多様性が豊かさとなる未来を目指して―

田中宝紀

1　外国につながる子ども、とは誰か

　「外国につながる子ども」の公的な定義は明確ではなく、またその呼び方も地域や支援者、あるいは指し示したい状況等によって「外国（海外）にルーツを持つ子ども」「日本語を母語としない子ども」「外国由来の子ども」「新渡日児童生徒」など、様々に分かれている。

　概ね、いずれの呼び方も子ども自身の国籍に関わらず、「父母（保護者）の両方、またはどちらか一方が外国出身者である子ども」を表しているものの、呼称が統一されていない状態自体が、外国につながる子ども達の置かれた状況の不安定さの一端をうかがわせている。

　こうした子ども達が現在、日本国内にどのくらい存在するのかを明確に知ることができるデータは存在していないものの、2015年の1年間に生まれた赤ちゃんのうち、父・母の双方またはどちらか片方に外国人の親を持つ子どもが30人に1人[1]あること、国勢調査オーダーメード集計を利用し、外国につながる子どもの教育について分析した「2010年国勢調査にみる外国人の教育――外国人青少年の家庭背景・進学・結婚――」[2]によると、55歳未満の母親と同居する子ども・若者183万人（全体の約2%）が、母親の国籍が外国籍であり、外国につながりを持っていることが明らかとなっている。

　現時点ではこうした数値からその実態を推測するしか手がかりはないが、子ども達を支える支援者の間では、外国につながる子どもを含む外国ルーツ家庭の定住・永住志向の高まりが全国的に指摘されており、成長著しい貴重な子ども時代を日本で過ごすだけでなく、そのまま日本国内で自立し、新たな家族を形成する可能性が高いことなどからも、外国につながる子どもたちを「日本の子ども」として支え、育むことの重要性が高まっていると言える。

第3部　シンポジウム報告

2　外国につながる子どもたちの課題

　当シンポジウム「『内なる国際化』を考えるⅡ―外国につながる子どもたちの教育について―」では外国につながる子どもたちの課題として、日本語教育機会へのアクセスが、自治体によって大きな格差があることや、高校進学率が60％台に留まってしまうケースもあること、東南アジアにルーツを持つ子どもの場合、シングルマザー率が日本人と比べた場合、2倍に上る現状などを含め、経済的な困難に直面しやすいことなどを公的なデータや現場での調査によって得られた数字を元に共有した。

　また、登壇者の徳永氏からも言及があったが、外国につながる子どもたちは困難を抱える存在として見られる一方、バイリンガル・バイカルチャー、あるいはそれ以上のスキルを獲得し得る、グローバル人材の卵としてのポテンシャルを高く有する存在でもある。こうした子どもたちの可能性を日本社会が認識し、能力を引き出していくような教育の在り方を模索する必要性も強く感じるところである。

　当日の参加者の多くが、外国につながる子どもたちと直接関わり、あるいは、関心を持つ意識の高い参加者であったこともあり、筆者が述べたような子ども達の課題は「言い尽くされた」「聞き飽きた」部類のものだったはずである。

　しかし、実際には一般社会の中で、外国につながる子どもの課題を理解している人は少なく、それどころか「外国につながる子ども」あるいは類似表現すら知らない人の方が大半であるのが現状であり、一部の支援者や関係者が積極的に子ども達の課題を発信し、「社会化」していくことの重要性についても言及したところである。

3　NPO法人青少年自立援助センター「YSC グローバル・スクール」の取り組みについて

　続いて、筆者が所属するNPO法人青少年自立援助センターにおける外国につながる子ども・若者のための教育支援事業「YSC グローバル・スクール」（以下、YSCGS）の取り組みについて報告を行った。

　現存する外国につながる子どもを対象とした日本語支援、学習支援の多くが

第7章　外国につながる子どもたちを支える

ボランティアを中心とした手弁当で実施されていることが多い中、YSCGSの
特徴は、日本語教育の有資格者などを中心とする有給職員が常駐している点に
ある。生徒の保護者から月謝を受け取り、週6日、朝から夜まで、レベル・学
年別のクラスを設け専門的な教育サービスを提供するだけでなく、多文化コー
ディネーターが常時、外国につながる子どもたちの周辺環境の改善に努めるな
ど、教育を軸に包括的な支援を展開している。

　経済的な困難を抱える外国につながる家庭も少なくない中で、あえて有料の
支援を展開してきたのは、支援者が安定して子どもたちと関わることのできる
環境が、その専門性を高め、経験を積み上げ、より質の高い支援を提供してい
くためにも重要であるという考えからである。また、補助金やボランティアに
頼った運営によって持続性が下がり、補助金が切れたため活動を続けることが
できない状態が発生した場合に、最も不利益をこうむるのは外国につながる子
どもたちである、という理由が大きい。

　一方、当スクールは拠点を置く東京都の西側地域では、唯一の外国につなが
る子ども支援の場ということもあり、一般からの寄付金等により無償枠、一部
減免の制度などを設けることで、経済的な格差が教育へのアクセスの差となら
ない工夫を重ねている。

4　終わりに

　現在、日本国内では外国人労働者の受入れが進み、それに伴い外国につなが
る子どもの教育に関する支援体制の整備も少しずつではあるものの、前進し始
めたところである。

　登壇者の上田氏からは、愛知教育大学における「外国人児童生徒教育概説」
および「年少者日本語教育概説」の2つの授業を、次年度より必修化するとの
報告があり、これにより在籍する教員志望の学生、年間900名が外国につなが
る子どもに対する基本的な理解を持った状態で卒業し、その内の多くが教員と
して活躍することになる、という。

　長らく、自治体や教育機関の多くが海外との接点を「国際交流」という形で
捉えてきた中で、今回のシンポジウムのタイトルでもある「内なる国際化」や
多文化共生に関する議論が明治学院大学を始めとする各所で行われつつあるこ
とに、大きな希望を感じることができた。

第3部　シンポジウム報告

　すでに、外国につながる子どもたちの一部は若者へと成長し、まだ多くは無いものの、大学進学を果たす者も登場しつつある。留学生ではない外国につながる大学生は今後増加するだろう。

　こうした時代の流れと共に、大学において「内なる国際化を前提とした社会」で活躍できる若者の育成が国籍に関わりなく進んでゆけば、日本社会が直面する大きな時代のうねりを力に変え、多様な人々が暮らしているからこそ豊かであると言えるような社会へと歩むことができる。今回のシンポジウムは、そのような可能性の一端を見出すことができた貴重な機会となったことに、あらためて感謝申し上げる。

［注］
1)　厚生労働省「人口動態統計」、『平成27年（2015）人口動態統計（確定数）の概況』より筆者算出　http://www.mhlw.go.jp/toukei/saikin/hw/jinkou/kakutei15/index.html
2)　高谷幸ら「岡山大学大学院社会文化科学研究科紀要　39巻」、『2010年国勢調査にみる外国人の教育――外国人青少年の家庭背景・進学・結婚――』2015年3月、p.41 参照　http://ousar.lib.okayama-u.ac.jp/ja/53309

あとがき

　「内なる国際化」に対応した人材の育成プロジェクトの2年目が、間もなく終わろうとしています。1年目の活動は、ブックレット1『もうひとつのグローバリゼーション』にまとめ刊行させていただきました。そして2年目の活動も、かんよう出版さんのお力添えをいただき、このように刊行させていただくことができました。私たちに支援実践の場を与えてくださった社会福祉法人さぽうと21のみなさま、特にいつも的確なアドバイスやコメントをくださる矢崎理恵氏、長島みどり氏に感謝を申しあげます。また、お忙しい中原稿を寄稿くださいました上田崇仁氏、徳永智子氏、田中宝紀氏、矢野デイビット氏にも、深く感謝いたします。そして、いつも裏方として私たちを支えてくださった、酒井弥生氏、納谷智子氏、矢ヶ崎洋恵氏にも感謝の念をお伝えしたいと思います。

　さて、「走りながら考えた」1年目を助走期間として、2年目は支援実践の場で活動するという大きな飛躍を試みました。4月から1月まで行った「合気道教室」、夏休みを利用して行った「夏期集中学習支援」、そしてこの原稿を執筆している1月末はまだ準備段階でしたが「春期集中学習支援」。これらの支援実践の場で、ボランティアとして参加してくださった学生のみなさんはもちろん、我々教職員も多くの学びをさせていただくことができました。外国につながる人びとが感じている生きづらさの一端に、触れさせていただくことができました。その生きづらさを解消するだけの力は、まだ私たちにはありませんが、問題の所在について知ることができたことは大きな収穫でした。

　外国につながるたくさんの人びとと、ともに暮らしやすい社会をどうやって築いていくか。喫緊の課題を目の前にしていた2017年1月、ドナルド・トランプ氏がアメリカ合衆国大統領に就任しました。それから1週間の間に、矢継ぎ早に多くの大統領令が出され、そのひとつとして、シリア難民の受け入れを停止し、中東・アフリカ7カ国の国民の入国を一時的に禁止する大統領令が出されました。世界中で混乱が生じ、怒りと恐怖という負の感情が高まり、渦巻いています。

　この大統領令に対して、カナダのトルドー首相は「多様性は我が国の強み

だ」として難民受け入れに寛大な姿勢を示しました。多様性を、秩序を乱すものとして怖がり排除するのではなく、多様性を認め互いの価値を認め、どうやったらともに暮らしやすい社会を築くことができるかを考えること。「内なる国際化」に真摯に向き合い、考え、行動し続けたいと思います。

2017 年 1 月
内なる国際化プロジェクト白金事務局
明治学院大学社会学部
浅川達人

2016 年度　プロジェクトメンバー

浅川達人（社会学部社会学科）プロジェクト白金事務局
石原英樹（社会学部社会学科）
猪瀬浩平（教養教育センター）
茨木尚子（社会学部社会福祉学科）
亀ヶ谷純一（教養教育センター）
北川清一（社会学部社会福祉学科）
鬼頭美江（社会学部社会学科）
黒川貞生（教養教育センター）
坂口緑（社会学部社会学科）
三角明子（教養教育センター）
高桑光徳（教養教育センター）プロジェクト横浜事務局
柘植あづみ（社会学部社会学科）
永野茂洋（教養教育センター）プロジェクト代表
野沢慎司（社会学部社会学科）プロジェクト代表
平野幸子（社会学部付属研究所 相談・研究部門）
福山勝也（教養教育センター）

執筆者一覧

永野茂洋（明治学院大学教養教育センター教授）
浅川達人（明治学院大学社会学部教授）
高桑光徳（明治学院大学教養教育センター教授）
野沢慎司（明治学院大学社会学部教授）
矢野デイビット（ミュージシャン／一般社団法人 Enije 代表）
德永智子（慶應義塾大学国際センター特任講師）
上田崇仁（愛知教育大学教育学部准教授）
田中宝紀（特定非営利活動法人青少年自立援助センター
　　　　　定住外国人子弟支援事業部統括コーディネーター）

明治学院大学教養教育センター　ブックレット 2

外国につながる子どもたちと教育
　　　―「内なる国際化」に対応した人材の育成―

2017 年 3 月 31 日　初版第 1 刷発行　　　　　　© 2017

編　者　明治学院大学教養教育センター・社会学部

発行者　松山　献

発行所　合同会社 かんよう出版

　　　　〒550-0002 大阪市西区江戸堀 2-1-1 江戸堀センタービル 9 階
　　　　電話 06-6225-1117　　FAX 06-6225-1118
　　　　http://kanyoushuppan.com　　info@kanyoushuppan.com

印刷・製本　有限会社 オフィス泰

ISBN978-4-906902-84-2　C0036　　　　　　Printed in Japan